DIREITO PENAL E GLOBALIZAÇÃO

Sociedade do Risco, Imigração Irregular e Justiça Restaurativa

D598　Direito penal e globalização: sociedade de risco, imigração irregular e justiça restaurativa / organizador André Luís Callegari; Charlise Paula Colet, Maiquel Ângelo Dezordi Wermuth, Roberta Lofrano Andrade. – Porto Alegre: Livraria do Advogado Editora, 2011.
124 p.; 21 cm.
ISBN 978-85-7348-737-4

1. Direito penal. 2. Sociedade do risco. 3. Imigrantes ilegais – União Europeia – Mixofobia. 4. Justiça restaurativa. I. Callegari, André Luís. II. Colet, Charlise Paula. III. Wermuth, Maiquel Ângelo Dezordi. IV. Andrade, Roberta Lofrano.

CDU 343.2
CDD 341.5

Índice para catálogo sistemático:
1. Direito penal　　　　　343.2

(Bibliotecária responsável: Sabrina Leal Araujo – CRB 10/1507)

André Luís Callegari
(organizador)

DIREITO PENAL E GLOBALIZAÇÃO

Sociedade do Risco, Imigração Irregular e Justiça Restaurativa

André Luís Callegari
Charlise Paula Colet
Maiquel Ângelo Dezordi Wermuth
Roberta Lofrano Andrade

Porto Alegre, 2011

©
André Luís Callegari
Charlise Paula Colet
Maiquel Ângelo Dezordi Wermuth
Roberta Lofrano Andrade
2011

Capa, projeto gráfico e diagramação
Livraria do Advogado Editora

Revisão
Betina Denardin Szabo

Direitos desta edição reservados por
Livraria do Advogado Editora Ltda.
Rua Riachuelo, 1338
90010-273 Porto Alegre RS
Fone/fax: 0800-51-7522
editora@livrariadoadvogado.com.br
www.doadvogado.com.br

Impresso no Brasil / Printed in Brazil

Sumário

Apresentação – *André Luís Callegari* (org.) 7
I – Sociedade do risco e direito penal – *André Luís Callegari* e
Roberta Lofrano Andrade 11
1. A Sociedade do Risco 11
1.2. O direito penal em face da sociedade do risco 21
Referências 42

II – Mixofobia: a construção dos imigrantes ilegais como "sujeitos
de risco" e o tratamento jurídico-penal da imigração irregular
na União Europeia como retrocesso rumo a um modelo de
Direito Penal de autor – *Maiquel Ângelo Dezordi Wermuth* 45
1. Introdução 45
2. Direito penal *x* imigração irregular: do "descaso" ao "excesso" . 47
3. O Imigrante ilegal: parasita ou terrorista 64
4. Direito penal *x* imigração irregular na União Europeia: rumo
à construção de um modelo de Direito Penal de autor 83
5. Conclusão 87
Referências 88

III – A promoção dos direitos mínimos do cidadão realizada pelas
práticas restauradoras: a quebra da cultura excludente e
seletiva do sistema penal – *Charlise Paula Colet* 91
1. Aspectos introdutórios 91
2. A transformação da realidade social e o fortalecimento da
cidadania pelo uso de meios alternativos de tratamento
de conflitos 93
3. O ideal restaurativo como modelo de justiça e resgate do
papel do indivíduo na comunidade 106
4. Notas conclusivas 121
Referências 122

Apresentação

O presente livro visa a contribuir para o debate acerca de três temas atuais e polêmicos que têm preocupado os estudiosos do Direito Penal na contemporaneidade: as transformações pelas quais passa o Direito Punitivo em face do modelo de organização social denominado Sociedade do Risco, a problemática da utilização do Direito Penal para o controle dos fluxos migratórios na União Europeia, e a instigante proposta teórica de solução de conflitos por meio da Justiça Restaurativa.

Todos os textos tiveram origem em pesquisas sólidas desenvolvidas pelos seus autores, dentro das suas respectivas áreas de pesquisa e atuação acadêmica.

No primeiro artigo, *Sociedade do risco e Direito Penal*, os autores procuram apontar as principais características da sociedade do risco desenhada por Ulrich Beck, buscando identificar as influências que esse modelo de organização social exerce sobre o Direito Penal, em especial no que se refere à problemática que cerca a criação de novos bens jurídicos supraindividuais de conteúdo difuso (a proteção de dados, as ameaças à natureza decorrentes da exploração destruidora da terra, do ar e da água, os perigos da tecnologia genética, a proliferação dos delitos relacionados ao tráfico de pessoas, etc.), responsáveis pelo processo de expansão do Direito Penal.

Com efeito, conforme expressam os autores no referido artigo, os conceitos de "risco" e de "expansão" ocupam o centro do processo de "modernização" do Direito

Penal, expressando a ideia de que a atenção à nova realidade delitiva perpassa pela ampliação do seu campo de atuação. A preocupação central do trabalho, nesse sentido, é demonstrar que os anseios por segurança diante dos novos riscos implica o estabelecimento de uma relação diametralmente oposta entre garantias e efetividade, o que se expressa por meio da tese de que o endurecimento das leis e medidas punitivas é imprescindível para aumentar a segurança dos cidadãos, ainda que à custa do sacrifício dos direitos humanos e das garantias penais e processuais dos acusados pela prática de delitos que colocam em risco a sociedade como um todo.

No segundo trabalho, *Mixofobia: a construção dos imigrantes ilegais como "sujeitos de risco" e o tratamento jurídico-penal da imigração irregular na União Europeia como retrocesso rumo a um modelo de Direito Penal de autor*, o autor analisa a instrumentalização do Direito Penal pelos países da União Europeia no que se refere ao combate à imigração irregular.

Nesse rumo, o referido trabalho visa a demonstrar os motivos socioeconômicos pelos quais os imigrantes ilegais são tratados enquanto "sujeitos de risco", o que tem por consequência a criação de um ambiente de mixofobia (medo de misturar-se) em relação a eles. A preocupação central do artigo, diante deste contexto, é analisar as influências da mixofobia na forma como o Direito Penal tem sido utilizado para o controle dos fluxos migratórios pelos países da União Europeia, o que permite, segundo o texto, falar em um retrocesso rumo a um modelo de Direito Penal de autor.

Por fim, no trabalho *A promoção dos direitos mínimos do cidadão realizada pelas práticas restauradoras: a quebra da cultura excludente e seletiva do sistema penal*, a autora busca analisar a implementação da justiça restaurativa como alternativa ao atual sistema penal brasileiro, o qual, na sua ótica, ratifica a seletividade criminal que visa à manutenção do foco punitivo em determinada camada social, desencadeando insatisfação, insegurança pública e exclusão social.

Pretende a autora demonstrar que o modelo restaurativo fomenta a existência de um sistema de valores e princípios fundado no diálogo, na participação direta e indireta dos envolvidos e no estabelecimento de acordos restaurativos, buscando, por conseguinte, a desestruturação da estigmatização social e a restauração das relações sociais. A mudança de formas de tratar conflitos e responder às necessidades das partes envolvidas, reflete o trabalho, permite a criação de uma sociedade justa e livre, a qual abre espaço para a diversidade, liberdade, individualidade e igualdade entre as pessoas que são vistas como portadoras de capacidades e de necessidades positivas, revelando possibilidades concretas de construção da paz positiva, não como um fim último, mas como um meio ao progresso social, a partir dos direitos do homem.

Com isso, espera-se que o leitor encontre no presente livro um importante subsídio para discussão das referidas temáticas, bem como que sua leitura seja intelectualmente prazerosa e enriquecedora.

André Luís Callegari
Organizador

— I —

Sociedade do risco e Direito Penal

André Luís Callegari[1]
Roberta Lofrano Andrade[2]

1. A sociedade do risco

O modelo social desenvolvido após a Revolução Industrial é comumente intitulado de Sociedade de Riscos ou Sociedade do Risco (expressão desenvolvida por Ulrich Beck).[3] Tal nomenclatura é utilizada em virtude do fato de que vivemos em um momento de economia rapida-

---

[1] Advogado criminalista, Doutor em Direito Penal e Coordenador do Programa de Pós-graduação em Direito da Universidade do Vale do Rio dos Sinos.

[2] Advogada criminalista e bacharel em Ciências Jurídicas e Sociais pela Universidade do Vale do Rio dos Sinos.

[3] A expressão Sociedade do Risco foi criada por Beck, termo que dá título à sua obra: *Risikogesellschaf*. Conforme alerta o próprio autor: "El término *sociedad* (industrial) *del riesgo* há obtenido también y esencialmente en este sentido (empleado desde hace más que un año contra mucha resistencia de voces interiores y exteriores) un resabido amargo de verdad. Mucho de lo que he obtenido argumentativamente al escribir (la imperceptibilidad de los peligros, su dependencia respecto del saber, su supranacionalidad, la «expropriación ecológica», el paso de la normalidad a la absurdidad, etc.) se lee después de Chernobil como una trivial descripción del presente. ¡Ojalá hubiera sido sólo la prognosis de un futuro que había que evitar"! BECK, Ulrich. *La sociedad del riesgo*. Hacia una nueva modernidad. Barcelona, Buenos Aires, México: Paidós, 1998, p 14. Cumpre-se, ainda, referir que, muito embora, nesse trabalho, vá-se seguir a linha desenvolvida por Beck, outro importante autor que também aborda a questão é Nicklas Luhmann. Seu pensamento pode ser encontrado em sua obra *Sociologia del Riesgo*. Rio de Janeiro: Tempo Brasileiro, 1983.

mente variante e constantes avanços tecnológicos, o que nos proporciona um aumento do conforto e bem-estar, mas também nos traz um relevante aspecto negativo: o incremento dos riscos a que estamos submetidos. A propósito disso, Silva Sánchez comenta que

> a sociedade atual aparece caracterizada, basicamente, por um âmbito econômico rapidamente variante e pelo aparecimento de avanços tecnológicos sem paralelo em toda a história da humanidade. O extraordinário desenvolvimento da técnica teve, e continua tendo, obviamente, repercussões diretas em um incremento do bem-estar individual. Como também as têm a dinâmica dos fenômenos econômicos. Sem embargo, convém não ignorar suas conseqüências negativas.[4]

Antes de adentrarmos nas características da Sociedade do Risco, entretanto, cumpre referir, brevemente, que Beck distingue dois conceitos de modernização: a *simples*, ocorrida durante o período industrial, e a *reflexiva*, ocorrida nos tempos atuais.

A modernidade reflexiva deve ser entendida como o período no qual a sociedade se encontra em risco devido à constante evolução técnica da fase anterior (modernidade simples). Nas palavras de Machado, pode-se conceituar a modernidade reflexiva como "o estágio em que as formas contínuas de progresso técnico-econômico podem se transformar em autodestruição".[5] Isso permite afirmar que a reflexividade está no fato de que a civilização colocou em perigo a si mesma, pois "sus mismos progresos desencadearan una producción de nuevos riesgos que se revisten de una importancia inédita y particular".[6]

---

[4] SÁNCHEZ, Jesús-María Silva. *A expansão do Direito Penal*. Aspectos da política criminal na sociedade pós-industriais. Trad. Luiz Otavio de Oliveira Rocha. São Paulo: Editora Revista dos Tribunais, 2002, p. 28-29.

[5] MACHADO, Marta Rodriguez de Assis. *Sociedade do Risco e Direito Penal*. Uma avaliação de novas tendências político-criminais. São Paulo: IBCCRIM, 2005, p. 30.

[6] LAZO, Gemma Nicolas. La crisis del Welfare y sus repercusiones en la cultura política europea. In: *Política Criminal y Sistema Penal*. Viejas y nuevas racionalidades punitivas. Iñaki Rivera Beiras e Gemma Nicilás Lazo. Barcelona: Anthropos, 2005, p. 226-235.

Nesse sentido, esse processo de reflexo da atual modernidade é, realmente, um confronto das bases traçadas na modernidade industrial com as consequências da própria modernização. Tal confronto, no entanto, não decorreu de uma necessidade de oposição ao modelo industrial, mas do seu próprio desenvolvimento desmedido, que redundou na produção de "efeitos e ameaças que não puderam ser assimilados pela racionalidade da época industrial".[7] Assim, quanto mais se desenvolvia o processo de modernização, mais se consumiam as bases do modelo industrial, culminando tal processo na Sociedade do Risco. É por isso que Machado assevera que "o confronto, que é a base da reflexividade, significa a incompreensão e a impossibilidade de assimilação da realidade da sociedade do risco pelo sistema da sociedade industrial. De maneira cumulativa e latente, os fenômenos da sociedade do risco produzem ameaças que questionam e, finalmente, destroem as bases da sociedade industrial".[8]

A modernidade reflexiva pode, ainda, na linha de intelecção de Beck, ser dividida em dois estágios: o correspondente à reflexividade, que é justamente esse confronto das matrizes da modernidade industrial com as consequências de sua própria evolução; e o relacionado à reflexão, que se caracteriza pela conscientização da modernização.[9] Desse modo, em um primeiro momento, há

---

[7] MACHADO, Marta Rodriguez de Assis, op. cit., p. 30.

[8] Ibidem.

[9] Nas palavras do autor: "Si podemos denominar reflexividad a la transición autónoma, no intencional y no percibida, cuasi refleja, desde la sociedad industrial a la sociedad del riesgo – en distinción y oposición a la reflexión –, entonces "modernización reflexiva" significa autoconfrontación con las consecuencias de la sociedad del riesgo que no pueden abordarse y resolverse (adecuadamente) en el sistema de la sociedad industrial (Beck, 1992), es decir, según los parámetros de los propios estándares institucionalizados de la sociedad industrial. En una segunda fase esta constelación puede, a su vez, convertirse en objeto de reflexión (pública, política y académica), pero esto no debe encubrir el "mecanismo" de la transición, carente de reflexión, cuasi reflejo. Esto se produce y deviene real precisamente a través de la abstracción de la sociedad del

um desenvolvimento autônomo, despercebido e irracional, que leva à Sociedade do Risco (reflexividade), para, posteriormente, haver uma tomada de consciência, tornando-se o risco alvo de consideração pública, política e científica (reflexão).[10] Assim, o aparecimento dos riscos ocorreu, inicialmente, em uma perspectiva de normalidade, para, posteriormente, assumir o viés de uma ameaça à humanidade.[11]

Reconhecidos os efeitos da modernização, bem como que os riscos tecnológicos são derivados da ação humana, "os centros de tomada de decisões e as leis do progresso tecnológico e científico tornam-se questões políticas",[12] assim como se passa a atentar para os mecanismos de controle e distribuição dos riscos, principalmente no que tange à constatação da ineficiência dos mecanismos atuais e a consequente busca por novas alternativas.

---

riesgo". (BECK, Ulrich. *La sociedad del riesgo global*. Madrid: Siglo XXI de España Editores, 2002, p. 115).

[10] Veja-se o que diz Campione sobre a distinção entre primeira (correspondente à Era Industrial) e segunda (correspondente à Sociedade do Risco) modernidades: "En esta obra, el sociólogo alemán proponía una distinción entre una primera y una segunda modernidad en la cual, con el primer término, pretendía describir una sociedad estatal y nacional, con estructutras colectivas, el pleno empleo, una industrialización rápida y una explotación de la naturaleza no «visible». En resumidas cuentas, el modelo desarollado en Europa occidental desde el siglo XVIII, un modelo en el cual «las relaciones y redes sociales y las comunidades de entendien esencialmente en su sentido territorial» (Beck, 2002, 2). En la actualidad, según Beck, estaríamos ante una «segunda modernidad», una suerte de modernización de la modernidad que asume los rasgos de una modernidad reflexiva donde los fundamentos, las insuficiencias y las antinomias de la primera modernidad se ven cuestionadas y se vuelven objeto de «reflexión». Dentro de este marco se estarían afirmando nuevos estilos de vida y un nuevo modelo de sociedad capitalista, con nuevos procesos y nuevos retos como la globalización, la individualización, la crisis ecológica y las turbulencias de los mercados financieros". (CAMPIONE, Roger. El que algo quiere algo le cuesta: notas sobre la *Kollateralschadengesellschaft*. In: *La seguridad en la sociedad del riesgo*. Un debate abierto. Cândido da Agra, José Luis Dominguez, Juan Antonio Gracía Amado, Patrick Hebberecht e Amadeu Recasens (eds.). Barcelona: Atelier, 2003, p. 11-26.)
[11] MACHADO, Marta Rodriguez de Assis, op. cit., p. 31.
[12] Idem, p. 32.

Compreendidas, assim, as bases da teoria de Beck, torna-se fácil perceber a Sociedade do Risco como aquela em que os constantes avanços tecnológicos, científicos e econômicos propiciam um crescimento do conforto e do bem-estar individual da vida humana, porém, também trazem aspectos negativos, como o incremento dos riscos a que estamos submetidos, o que acarreta uma demanda por segurança.

Conforme aduz Zuñiga Rodríguez, na Sociedade do Risco há uma tomada de consciência de que a tecnologia traz benefícios à vida das pessoas, mas, no entanto, também apresenta um dinamismo que foge do controle humano, impondo uma "lógica do risco". Com isso, são produzidos irreversíveis perigos às plantas, pessoas e animais, trazendo consequências que afetam à coletividade, como, por exemplo, catástrofes naturais, contaminação ambiental e grandes fraudes aos consumidores.[13]

Nesse passo, o manuseio das tecnologias atinentes à biologia, à informática, à indústria química e à energia nuclear, por exemplo, trazem riscos que ameaçam o meio ambiente e a vida humana. De acordo com Machado, "a própria modernização trouxe consequências que estão hoje arriscando as condições básicas de vida alcançadas por via desse mesmo processo".[14] Nesse sentido, Buergo aborda o surgimento desses novos riscos advindos dos avanços tecnológicos, alertando:

> Pero además de esta disparidad cuantitativa, tampoco puede negarse que, a diferencia de la sociedad industrial del siglo XIX o de principios del siglo XX, en la sociedad actual se han desarrollado nuevos campos de actividad y avances tecnológicos que encierran un elevado peligro y un enorme potencial y capacidad lesiva – energía y armas nucleares, nuevas tecnologías en el terreno de la química, de la genética y de la biotecnología, aplicables a los más variados ámbitos, etc.

---

[13] RODRÍGUEZ, Laura Zúñiga. *Política Criminal*. Madrid: Editorial Colex, 2001, p. 259.
[14] MACHADO, Marta Rodriguez de Assis, op. cit., p. 36.

– y cuyos eventuales efectos dañinos o incluso catastróficos pueden tener una amplísima difusión que alcanzaría a futuras generaciones, lo que – junto a las dificultades para su limitación espacial o temporal – constituyen auténticas notas peculiares de estos nuevos riesgos actuales.[15]

Diante disso, em relação à passagem de uma Sociedade Industrial clássica – na qual havia uma confiança no progresso e na evolução científica –, à atual Sociedade do Risco – preocupada e consciente dos riscos que o próprio desenvolvimento tecnológico e científico, descontroladamente, criou –, Lazo afirma que parece nos estar reservado um destino de perigo do qual não há como escapar. A sociedade industrial clássica, alicerçada em seus parâmetros de Estado nacional soberano, de confiança no progresso, do conhecimento científico e do bem-estar se transformou na Sociedade do Risco, organizada ao redor do conceito de risco e gestora de seus conflitos em "términos discursivos y tecnológicos igualmente de riesgo".[16]

Claro está, portanto, que o fato de vivermos em uma sociedade denominada do Risco significa que os descontrolados avanços econômicos e tecnológicos e da ciência no geral, apesar de proporcionarem maior facilidade para a vida humana, ameaçam a sua própria existência. Dito isso, com base na obra de Machado, cumpre proceder, atrelado ao que ela denomina da perspectiva principal, qual seja: o fato de que os riscos, de uma consequência normal do progresso tecnológico (como eram vistos na modernidade industrial), passaram a ser percebidos como uma ameaça à existência da vida humana, produzindo uma "crise de legitimidade das instituições da modernidade e na emergência de um estado de indeterminação e

---

[15] BUERGO, Blanca Mendoza. *El Derecho Penal en la Sociedade del Riesgo*. Madrid: Civitas, 2001, p. 40.

[16] LAZO, Gemma Nicolas. La crisis del Welfare y sus repercusiones en la cultura política europea. In: *Política Criminal y Sistema Penal*. Viejas y nuevas racionalidades punitivas. Iñaki Rivera Beiras e Gemma Nicilás Lazo. Barcelona: Anthropos, 2005, p. 226-235.

insegurança",[17] na enumeração, resumidamente, das mais importantes características da dinâmica sociopolítica dos riscos.

Inicialmente, os novos riscos se diferenciam das catástrofes naturais na medida em que eles advêm de decisões humanas tomadas em um âmbito industrial ou técnico-econômico, enquanto que as catástrofes eram atribuídas à natureza e ao destino. Nesse aspecto, para Machado,

> a característica definidora dos novos riscos – e o que os diferencia dos perigos desde os medievais até os da primeira modernidade – é a idéia de que esses riscos, necessariamente, derivam de decisões humanas. Acontecimentos como as pragas, a fome, os desastres naturais podem ser diferenciados dos riscos derivados das *megatecnologias*, substancialmente, por não se encontrarem lastreados em decisões. Os novos riscos presumem decisões industriais, especificadamente, decisões que tem seu foco em vantagens e oportunidades econômicas, baseadas em critérios de utilidade.[18]

A artificialidade dos riscos (termo utilizado por Ripollés para designar os riscos "en cuanto producto de nuevas actividades humanas"[19]) também é frisada por Buergo, que destaca: "la sociedad actual se caracteriza por la existencia de riesgos que, a diferencia de los peligros que amenazan con desastres naturales o plagas de otras épocas, son 'artificiales', en el sentido de que son producidos por la actividad del hombre y vinculados a una decisión de este".[20]

Sobre a relação entre os riscos e as decisões humanas, leciona Beck que:

---

[17] MACHADO, Marta Rodriguez de Assis, op. cit., p. 38.
[18] Idem, p. 51-52.
[19] RIPOLLÉS, José Luis Díez. De la Sociedad del Riego a la Seguridad Ciudadana: Um Debate Desenfocado. In: *Política Criminal, Estado e Democracia*. Homenagem aos 40 anos do Curso de Direito e aos 10 anos do Curso de Pós-Graduação em Direito da Unisinos. André Luís Callegari (Org.) Rio de Janeiro: Lúmen Júris, 2007, p. 81-128.
[20] BUERGO, Blanca Mendoza, op. cit., p. 26.

los dramas humanos – las pragas, enfermedades y desastres naturales, el poder de loes dioses y demonisal al acecho – puede equivaler cuantificablemente, o no, al peligro del potencial destructivo de las modernas megatecnologías. Difiere esencialmente de los "riesgos" en el sentido que yo les doy en que no se basan en decisiones o más específicamente, en decisiones que se centran en las ventajas y oportunidades tecnoeconómicas y aceptan los peligros como el simple lado oscuro del progreso. Ése es el primer punto que resalto: los riesgos presumen decisiones y consideraciones de utilidad industrial es decir, tecnoeconómica.[21]

Nesse contexto, de acordo com Silva Sánchez, os avanços propiciam o que ele denomina de "risco de procedência humana como fenômeno social estrutural",[22] o que significa que o risco a que um cidadão está submetido depende de decisões que outro cidadão precisa tomar no manejo dos avanços tecnológicos industriais, biológicos, genéticos, de energia nuclear, etc. Nas palavras do autor,

o que interessa aqui ressaltar é a configuração do risco de procedência humana como fenômeno social estrutural. Isso, pelo fato de que boa parte das ameaças a que os cidadãos estão expostos provém precisamente das decisões que outros concidadãos adotam no manejo dos avanços técnicos: riscos mais ou menos diretos para os cidadãos (como consumidores, usuários, beneficiários de serviços públicos etc.) que derivam das aplicações técnicas dos avanços na indústria, na biologia, na genética, na energia nuclear, na informática, nas comunicações etc.[23]

Outra característica dessa sociedade atual está no fato de que esses riscos se apresentam como "efeitos colaterais indesejados do processo de modernização", sendo consequências imprevisíveis e secundárias do progresso tecnológico. Nas palavras de Buergo, isso se explica pois os riscos "contituyen siempre efectos indeseados, a menudo no previstos y a veces imprevisibles de un actuar humano, inicialmente dirigido a fines positivamente valo-

---

[21] BECK, Ulrich. *La sociedad del riesgo global...*, op. cit., p. 78.
[22] SÁNCHEZ, Jesús-María Silva, op. cit., p. 29.
[23] Ibidem.

rados".[24] Campione, nessa linha de intelecção, alerta para o fato de que, na sociedade industrial clássica, as pessoas estariam expostas ao que se pode chamar de risco "externo", correspondente a riscos que, embora ocorressem de forma inesperada, poderiam, devido à seguida frequência com que se produziram, ser previstos e, dessa forma, asseguráveis. Por outro lado, em sendo o risco "fabricado" (fruto da ação humana) tem-se a situação de serem "en muchos casos imprevisibles".[25] Por essa razão, Callegari e Wermuth alertam ser "intrínseco a esses novos riscos um componente futuro, ou seja, relacionado com uma previsão de uma destruição/catástrofe que ainda não ocorreu, mas que se revela iminente".[26]

Além disso, as contaminações nucleares ou químicas, por meio de radioatividade ou substâncias nocivas e tóxicas presentes no ar, na água e nos alimentos; a degradação ambiental e o aquecimento global, por exemplo, podem causar danos irreversíveis à saúde humana, podendo, tais lesões, inclusive, permanecer invisíveis por extenso período de tempo. Pode-se dizer, nesse diapasão, que esses riscos de procedência humana são indeterminados espacial (globalização) e temporalmente, e, ademais, muitas vezes, podem possuir dimensões e potenciais destrutivos maiores do que aqueles provenientes da natureza. Para esse aspecto, alerta Buergo:

> Tales riesgos, además, no sólo son de una magnitud creciente frente a los peligros naturales, sino que son de *grandes dimensiones*, es decir, amenazan a un número indeterminado y potencialmente enorme de personas, e incluso amenazan la existencia de la humanidad como tal, ya que al tratarse de «grandes riesgos tecnológicos», ligados a la explotación y manejo de energía nuclear, de productos químicos, de recursos alimenticeos, de riesgos ecológicos, o de los que pueda

---

[24] BUERGO, Blanca Mendoza, op. cit., p. 27.
[25] CAMPIONE, Roger, op. cit., p. 14.
[26] CALLEGARI, André Luís, WERMUTH, Maiquel Ângelo Dezordi. *Sistema Penal e Política Criminal*. Porto Alegre: Livraria do Advogado, 2010 p. 14.

llevar consigo la tecnología genética, suponen posibilidades de autodestrucción colectiva.[27]

Justamente em face dessa indeterminação, "os novos riscos fogem à aplicação das regras securitárias do cálculo,[28] da estatística e da monetarização",[29] o que significa que a eles não podem ser aplicadas as regras da causalidade e da culpa, bem como, dificilmente se poderá medir qualquer compensação ou indenização deles emanadas, "quer porque suas conseqüências não podem ser limitadas, quer porque o desastre atinge dimensões tão grandes que nenhuma companhia de seguros seria capaz de arcar com o custo indenizatório".[30]

De tudo isso, Beck resume os principais aspectos da Sociedade do Risco, exemplificando por meio do acidente de Chernobil:

> Como resultado también puede captarse con mayor claridad la diferencia que marca época y distingue los riesgos de la sociedad industrial y del orden social burgués de los peligros y exigencias de la

---

[27] BUERGO, Blanca Mendoza, op. cit.p. 26.

[28] Cumpre, aqui, transcrever a esclarecedora explicação de Lazo acerca desses cálculos: "El concepto de «riesgo» va aparejado en términos como probabilidad, futuro, incerteza. Su gestión, ya que los riesgos no son irradicables, ha de ir acompañada de algún tipo de garantía o aseguramiento que minimice sus efectos o, simplemente, los distribuya. La gestión del riesgo pasaría en primer lugar, por una fase de definición o concepción, que llevaría a la realización de un cálculo probabilíostico. Bajo la base de este cálculo se podría elaborar algún plan de aseguramiento que permitiese su redistribuición. Se trata de una previsión basada, pues, en un cálculo actuarial". Em nota de rodapé, utilizando-se da definição do Diccionário de la Lengua Española, ainda esclarece o que deve ser entendido por actuarial: "«Actuarial» es un adjetivo que significa «relativo al actuário de seguros o a sus funciones», es decir relativo a cálculos matemáticos y a conocimientos estadísticos, jurídicos y financieros concernientes a los seguros y a su régimen, proprios de las entidades aseguradoras". (LAZO, Gemma Nicolas, op. cit., p. 230.) Sobre esse aspecto Campione alerta para: "la posibilidad de calcular la prima de un seguro de coche no se puede aplicar, por ejemplo, a los efectos a largo plazo causados por el accidente de Chernóbil, el mal de las vacas locas (BSE) o el agujero en la capa de ozono". (CAMPIONE, Roger, op. cit., p. 15).

[29] MACHADO, Marta Rodriguez de Assis, op. cit., p. 41.

[30] Idem, p. 41.

sociedad del riesgo. E acceso de la sociedad del riesgo se produce en el momento en el que los peligros que la sociedad decide ahora y produce consecuentemente *socavan y/o anulan los sistemas de seguridad establecidos por el cálculo de riesgos existente en el estado de bienestar.* En contraste con los primeros riesgos industriales, los riesgos nuclear químico, ecológico y de la ingeniería genética: (a) no pueden ser limitados ni en cuanto al tiempo ni en cuanto al espacio, (b) no es posible exigir responsabilidades por ellos conforme a las normas establecidas de causalidad, culpa y responsabilidad legal, y (c) no pueden ser compensados ni es posibles asegurarse contra ellos (Beck, 1994, p. 2). O, para expresarlo por referencia a un único exemplo: hoy todavia no han *nacido* todos los afectados por Chernobil, años después de la catástrofe.[31]

Por todo o exposto, torna-se possível a afirmação de que a vida na Sociedade do Risco nos torna suscetíveis a riscos até então desconhecidos e que fogem da capacidade humana de controle. Nesse contexto, todos os aspectos elencados acima acabarão por influenciar o Direito Penal, pressionando-o a uma situação expansionista a fim de que se alcance segurança, o que será abordado a seguir.

1.2. O Direito Penal em face da sociedade do risco

Apontadas as principais características da Sociedade do Risco, torna-se importante proceder, a partir de então, a identificação da influência que os aspectos da Sociedade do Risco exercem sobre o Direito Penal. Sobre essa consequente e inevitável relação entre Sociedade do Risco e Direito Penal, Buergo afirma que "naturalmente, el terreno de la política criminal y de su plasmación en la legislación penal no sólo no permanece inmune a este desarrollo típico de la sociedad del riesgo, sino que es especialmente

---

[31] BECK, Ulrich. *La sociedad del riesgo global*, op. cit., p. 120.

sensible al mismo".[32] Tanto isso é verdade que o Direito Penal característico da Sociedade do Risco é comumente denominado de Direito Penal do Risco.

De início, tem-se como tendência desse Direito Penal ligado aos riscos a criação de novos bens jurídicos supra--individuais de conteúdo difuso. Isso porque a Sociedade do Risco traz novas realidades, novas necessidades, que, a partir do momento em que, intituladas de bens jurídicos, ensejam (corretamente ou não) a proteção penal. Albrecht elenca, como exemplos das atuais demandas de criminalização, a proteção de dados, a ameaça à natureza através da exploração destruidora da terra, do ar e da água, os perigos da tecnologia genética, a proliferação de mulheres estrangeiras na prostituição, etc.[33]

Nessa senda, verifica-se a ocorrência de uma ampliação do conceito de bem jurídico, que passa a abarcar não somente os delimitados bens jurídicos individuais, mas também os imprecisos bens jurídicos supraindividuais de caráter difuso.[34] De acordo com Ripollés, os "compo-

---

[32] BUERGO, Blanca Mendoza. Gestión del Riesgo y Política criminal de Seguridad en la Sociedad del Riesgo. In: *La seguridad en la sociedad del riesgo*. Un debate abierto. Cândido da Agra, José Luis Dominguez, Juan Antonio García Amado, Patrick Hebberecht e Amadeu Recasens (eds). Barcelona: Atelier, 2003, p. 67-89

[33] ALBRECHT, Peter-Alexis, op. cit., p. 471-487.

[34] Bens jurídicos não-individuais, transindividuais ou supra-individuais podem ser definidos como aqueles cuja titularidade não pertence a uma pessoa determinada, como ocorre nos bens jurídicos individuais. Conforme a esclarecedora lição de Bianchini, García-Pablos de Molina e Gomes: "Os bens jurídicos, segundo o sujeito titular, são individuais (os que pertencem às pessoas singulares: vida, saúde pessoal, liberdade, propriedade, honra, etc.) ou *supra--individuais, que* se subdividem (a) em bens *coletivos ou gerais*, que pertencem a toda coletividade (segurança pública, incolumidade pública, etc) ou (b) *públicos ou institucionais* (os que pertencem ao Estado ou órgão ou entidades públicas: patrimônio do Estado, segurança do Estado etc.) ou (c) *difusos* (bens de um grupo amplo e determinado ou determinável de pessoas: delitos contra a saúde pública, o meio ambiente, segurança do tráfego, dos consumidores, etc.). Os bens públicos ou gerais e os difusos têm em comum seu caráter supra-individual, isto é, seu titular não é um indivíduo determinado, não obstante devem ser distinguidos: os primeiros relacionam-se com a sociedade em seu conjunto (segurança pública, incolumidade pública, etc.); os segundos, por sua vez, per-

nentes materiais" desses bens jurídicos seriam diferentes dos bens jurídicos tradicionais, visto que "producto de su configuración a tenor de las funciones sociales que habrían de satisfacer y de la perdida de referentes individuales".[35] Silva Sánchez, do mesmo modo, alerta para a proteção desses bens jurídicos supraindividuais:

> assim, a combinação da introdução de novos objetos de proteção com antecipação das fronteiras da proteção penal vem propiciando uma transição rápida do modelo "delito de lesão de bens individuais" ao modelo "delito de perigo (presumido) para bens supra-individuais, passando por todas as modalidades intermediárias. Os legisladores, por razões como as expostas, promulgaram e promulgam numerosas novas leis penais, e as respectivas *rationes legis*, que obviamente não deixam de guardar relação – ao menos indireta – com o *contexto* ou previas da fruição de bens jurídicos individuais mais clássicos, são elevadas de modo imediato á condição de bens penalmente *protegíveis* (dado que estão *protegidos*). Assim, junto aos delitos clássicos, aparecem outros muitos, no âmbito socioeconômico de modo singular, que recordam muito pouco aqueles. Nesse ponto, a doutrina tradicional do bem jurídico revela – como mencionado anteriormente – que, diferentemente do que sucedeu nos processos de despenalização dos anos 60 e 70, sua capacidade crítica no campo dos processos de criminalização como os que caracterizam os dias atuais – e certamente o futuro – é sumamente débil.[36]

No mesmo sentido, para Machado, os riscos advindos da tecnologia voltaram a proteção penal a bens jurídicos não mais individuais – relacionados à pessoa e com uma vítima definida –, mas sim a interesses supraindividuais e universais. Com isso, passou-se a admitir a intenção de se encampar as ameaças criadas pelos novos riscos

---

tencem a uma pluralidade de sujeitos mais ou menos determinados ou determináveis (consumidores de um determinado produto, moradores de uma região etc.)". BIANCHINI, Alice, MOLINA, Antonio García-Pablos de, GOMES, Luiz Flávio. *Direito Penal*. Introdução e Princípios Fundamentais. Coleção Ciências Criminais. Vol. 1. São Paulo: Editora Revista dos Tribunais, 2009, p. 238-239.

[35] RIPOLLÉS, José Luis Díez. *La política criminal en la encrucijada*. Montevideo – Buenos Aires: Editorial BdeF, 2007, p. 136.

[36] SÁNCHEZ, Jesús-María Silva, op. cit., p. 113.

tecnológicos e seus efeitos macrossociais como matéria de Direito Penal.[37] Esse processo de ampliação do tradicional âmbito dos bens jurídicos individuais ao abarcamento de bens jurídicos supraindividuais se tem denominado "desmaterialização, espiritualização ou dinamização" dos bens jurídicos. Assim, de uma concepção clássica, desenvolvida por Birnbaum, em que o critério do bem jurídico era uma limitação ao "jus puniendi", e historicamente vinculada à ligação da pessoa com o bem ("relação do sujeito com o objeto de valoração"), de conteúdo material, passou-se à ideia de tutela de bens jurídicos supraindividuais, imateriais e imprecisos, gerando-se, por essa razão, uma crise de sua intrínseca função de legitimação da intervenção penal.[38] Portanto, nas palavras da autora acima mencionada,

> na perspectiva da teoria do bem jurídico, as conseqüências disso referem-se a uma significativa mudança na compreensão do conceito de bem jurídico, consistente no seu distanciamento da objetividade natural, bem como do eixo individual para focar a intervenção penal na proteção de bens jurídicos universais ou coletivos, de perfis cada vez mais vagos e abstratos – o que visivelmente destoa das premissas clássicas que dão o caráter concreto e antropocêntrico do bem a ser protegido. Trata-se do denominado processo de desmaterialização do bem jurídico.[39]

Para Buergo, essas modificações têm proporcionado muitas discussões doutrinárias em relação à dogmática e à política criminal, que admitirão a inclusão dessas novas esferas de proteção. A autora, resumidamente, aponta os principais problemas em debate:

> La «desmaterialización» y difuminación del bien jurídico tiene, sin duda, consecuencias dogmáticas y político-criminales importantes, que pueden afectar a cuestiones verdaderamente centrales. Entre

---
[37] MACHADO, Marta Rodriguez de Assis, op. cit., p. 102-103.
[38] Idem, p. 103-106.
[39] Idem, p. 107.

ellas se pueden destacar las siguientes: delimitar con claridad el bien jurídico tutelado en cada caso, para determinar si es lesionado o sólo puesto en peligro por la conducta típica; establecer la relación de causalidad entre la conducta y estos posibles efectos; concretar si el bien jurídico va referido, en última instancia, a intereses individuales o no; establecer la eventual compatibilidad o no de tal difuminación con los principios de necesaria lesividad del delito y de intervención mínima, así como, finalmente, aunque de no menor importancia, la cuestión de las posibles tensiones que pudieran surgir con principios básicos de atribución jurídico-penal de un comportamiento a su autor. Todas estas dificultades se agravan con la combinación de la tutela penal de estos «nuevos» bienes con la anticipación de la misma a través de la técnica de los delitos de peligro – especialmente abstracto –, ya que a la característica vaguedad del objeto de protección y lo difuso de «titular» de tales bienes jurídicos – en ocasiones su ataque no tiene «víctimas» definidas-se une la inherente falta de concreción lesiva del tipo de peligro abstracto. Ello resulta, por tanto, particularmente preocupante cuando no se trata de la tutela de bienes supraindividuales con un referente claro a los bienes individuales vida, salud, integridad de la persona, sino de bienes de «nuevo cuño» sin referentes tan claros, como los del Derecho penal socioeconómico o el ambiental, entre otros.[40]

Dessa forma, percebe-se uma alteração na clássica função de limitação e justificação da punição penal pela proteção de bens jurídicos, fazendo-se com que essa proteção passe a ser vista, pelo contrário, como um critério de ampliação da intervenção do poder punitivo estatal.[41]

Na mesma linha de raciocínio, Callegari e Reindolff da Motta alertam para o fato de que a proteção a bens jurídicos ultrapassa sua função de limitação à incriminação

---

[40] BUERGO, Blanca Mendoza, op. cit., p. 69-70.

[41] Da mesma forma, para Buergo: "En este sentido puede decirse que la progresiva *expansión* del significado del concepto de bien jurídico acompaña un paulatino *desvanecimiento* tanto de sus referentes empiricos, como de su función de *garantía* de los límites o de las condiciones de justificación de la prohibición penal. Ha pasado asi a un primer plano un aspecto no deseable del principio de protección de bienes jurídicos, su empleo como *criterio de ampliación y no de limitación de la intervención* del Derecho penal". (BUERGO, Blanca Mendoza, op. cit., p. 77)

de condutas que não os lesionassem para a assunção de um caráter de exigência de punição. Conforme os autores, "houve um aumento considerável de tipos penais protegendo bens jurídicos que não se encontravam sob o manto da tutela penal, transformando-se a proteção de bens jurídicos num mandato para penalizar em lugar de ser uma proibição condicionada de penalização".[42] No mesmo sentido, para Hassemer,

> la protección de bienes jurídicos se ha convertido en un criterio positivo para justificar decisiones criminalizadoras, perdiendo el carácter de criterio negativo que tuvo originalmente. Lo que clásicamente se formuló como un concepto crítico para que el legislador se limitara a la protección de bienes jurídicos, se ha convertido ahora en una exigencia para que penalice determinadas conductas, transformándose así completamente de forma suprepticia la función que originariamente se le asignó.[43]

Por essas razões, conforme Machado, para a proteção penal desses novos bens jurídicos, em razão da dificuldade encontrada para a adoção dos critérios de causalidade e dano devido ao seu caráter universal, foi necessária a "operacionalização da tutela de maneira distinta do paradigma tradicional", visto que cada vez mais distante a presença de efetivas lesões, chegando-se à criminalização de condutas apenas supostamente perigosas.

Diante disso, em face do aparecimento dos novos riscos, observa-se, também, que a punição de condutas que lesionem a bens jurídicos passou à punição de ações referentes à "transgressão a uma norma organizativa", sem a necessidade da ocorrência de um resultado efetivo.[44] Assim, para a sobredita autora, "nos casos das normas

---

[42] CALLEGARI, André Luís, MOTTA, Cristina Reindolff da. Estado e Política Criminal: A Expansão do Direito Penal como Forma Simbólica de Controle Social. In: *Política Criminal Estado e Democracia*. Porto Alegre: Lumen Juris, 2007, p. 13.
[43] HASSEMER, Winfried. *Persona, mundo y responsabilidad*. Bases para una teoría de la imputación en Derecho Penal, Madrid: Tirant lo Blanch, 1999, p. 47.
[44] MACHADO, Marta Rodriguez de Assis, op. cit., p. 107.

de organização e das normas penais que sancionam a sua inobservância, está ausente um propósito de efetiva tutela. Tais normas traduzem-se em proibições com finalidade autônoma, que vedam ações humanas não por serem lesivas a um bem, mas quando possam dificultar o atingimento de um determinado objetivo pelo Estado".[45]

Nesse contexto, a proteção dos bens de caráter supraindividual, além de contradizer a noção clássica individualista de bem jurídico, proporciona a substituição da tutela de bens concretos à tutela de "funções, instituições e modelos de organização", restando ao Direito Penal, desse modo, ser um reforço às normas e funções administrativas.[46] Nessas circunstâncias, em uma perspectiva funcionalista e de caráter administrativo, os tipos penais passaram a ser criados não com a descrição de um "fato bruto", mas a partir da "violação de regras técnicas e burocráticas da administração do bem, ou seja, incorporam comportamentos que se supõem nocivos e desviantes menos pelo impacto que causam no mundo e mais por significarem uma violação ao padrão de segurança estabelecido".[47]

Com efeito, conforme alerta Moccia, o ordenamento jurídico penal assume uma função meramente dirigista, deixando de somente repreender condutas que imediatamente ataquem a um bem e castigando, por outro lado, a não observância de normas organizativas ao invés de fatos socialmente danosos.[48] Por essa razão, Gomes e Bianchini concluem que "já não se protegem bens dos seres humanos, senão exclusivamente 'funções', 'instituições',

---

[45] MACHADO, Marta Rodriguez de Assis, op. cit., p. 110.
[46] Idem, p. 111.
[47] Idem, p. 113.
[48] MOCCIA, Sérgio. De la tutela de bienes a la tutela de funciones: entre ilusiones postmodernas y reflujos iliberales. In: *Política Criminal y Nuevo Derecho Penal*. Libro Homenaje a Claus Roxin. Jesús-María Silva Sánchez (ed.) Barcelona: José Maria Bosch Editor, 1997, p. 113-141.

'ideais': já não é necessário uma vítima (de carne e osso) ou ao menos um ato de violação ao bem jurídico".[49]

Os referidos autores alertam que a proteção aos bens jurídicos supraindividuais e essa inclinação à proteção de "funções ou instituições" não seriam, em realidade, autênticos bens jurídicos. Nas suas palavras,

> o risco mais concreto decorrente dessa universalização dos bens jurídicos consiste na utilização ("perversão") do Direito penal para a tutela de "funções" ou "instituições", que não representam "autênticos" bens jurídicos (ou bens "substanciais") da pessoa humana. Em nome ou "por causa" dos riscos permanentes que a globalização vem criando ou forjando (riscos reais, riscos imaginários), o Direito penal vai avançando velozmente a cada dia (ora para a tutela de bens jurídicos vagos – ordem financeira, ordem econômica, relações etc. –, ora a proteção de funções ou instituições etc.).[50]

Do mesmo modo, para Silva Sánchez há, então, o que pode ser chamado de "administrativização" do Direito Penal:

> De fato, essa orientação à proteção de *contextos* cada vez mais genéricos (no tempo e no espaço) da fruição dos bens jurídicos clássicos leva o Direito Penal a relacionar-se com fenômenos de dimensões estruturais, globais ou sistêmicas, no que as aportações individuais, autonomamente contempladas, são, ao contrário, de "intensidade baixa". Com isso, tem-se produzido certamente a culminação do processo: o direito penal, que reagia *a posteriori* contra um fato lesivo individualmente delimitado (quanto ao sujeito ativo e ao passivo), se converte em um direito de gestão (punitiva) de riscos gerais e, nessa medida, está "administrativizado".[51]

Em tese, as incriminações a essas normas de conduta se justificariam pois produziriam lesão ou perigo de lesão ao bem jurídico tutelado. No entanto, o que na verdade ocorre é, quando muito, um remoto vínculo ao bem tu-

---

[49] GOMES, Luiz Flávio. BIANCHINI, Alice. *O Direito Penal na Era da Globalização*. São Paulo: Editora Revista dos Tribunais, 2002, p. 102.
[50] Idem, p. 82.
[51] SÁNCHEZ, Jesús-María Silva, op. cit., p. 114.

telado, podendo, em realidade, a norma ser vista como a simples violação de um dever de conduta positivado extrapenalmente, ou seja, como a mera não observância de determinada regra.[52] Diante disso, verifica-se a tipificação de condutas de "atuar sem licença do órgão administrativo competente", por exemplo. Nesse prisma, percebe-se que a criminalização de infrações normalmente administrativas só contemplam uma "perspectiva material" se praticadas por diversas pessoas. Do contrário, analisada a conduta típica de um modo isolado, sequer o perigo abstrato ao bem jurídico poderá ser constado. Como exemplo desse aspecto, Silva Sánchez traz o delito ambiental de "despejar resíduos". A conduta de uma única empresa certamente não afetará ao bem jurídico meio ambiente, no entanto, se diversas empresas fizerem o mesmo, aí sim poderemos verificar um efeito lesivo.[53] Por esse motivo, o autor aduz que "é possível afirmar que é uma característica do Direito Penal das sociedades pós-industriais a assunção, em ampla medida, de tal forma de racionalizar, a da lesividade global derivada de acumulações ou repetições, tradicionalmente própria do administrativo".[54]

Dessa forma, o injusto estará muito mais ligado no "desvalor da ação que viola o *standard* de segurança do que no desvalor do resultado – que se faz cada vez mais difícil de identificar e mensurar".[55] Por essas razões, pode--se dizer que a finalidade estará em proteger a vigência da norma.[56] Aproximam-se, assim, o Direito Penal e o Direito Administrativo, o que enseja a aparição, por exemplo, de normas penais em branco por meio de uma acessoriedade

---

[52] MACHADO, Marta Rodriguez de Assis, op. cit., p. 114.
[53] SÁNCHEZ, Jesús-María Silva, op. cit., p. 118-120.
[54] Idem, p. 120.
[55] MACHADO, Marta Rodriguez de Assis, op. cit., p. 114.
[56] Nesse contexto cumpre referir que Günter Jakobs defende que o Direito Penal deve proteger a vigência da norma, e não bens jurídicos. Seu posicionamento pode ser encontrado na obra: JAKOBS, Günter. *Fundamentos del Derecho Penal*. Buenos Aires: Ad Hoc, 1996.

administrativa.[57] Conforme Gomes e Bianchini, verifica-se um "deslocamento dos limites do conteúdo do injusto a difusos setores da administração pública – leis penais em branco".[58] Nesse mesmo sentido, explica Hassemer, referindo-se ao Direito alemão:[59]

> Então, traduzindo, a autoridade administrativa precisa definir os limites do proibido e do permitido. Assim, o que vemos com a nossa experiência é que o Código Ambiental não pode descrever o delito, como no caso do homicídio, da fraude, mas pode descrever apenas

---

[57] Normas penais em branco são normas que necessitam de uma complementação, usualmente de uma norma extrapenal, pois insuficiente a descrição típica feita na lei penal. Nesse aspecto, explica Greco: "normas penais em branco ou primariamente remetidas são aquelas em que há uma necessidade de complementação para que se possa compreender o âmbito de aplicação de seu preceito primário. Isso significa que, embora haja uma descrição da conduta proibida, essa descrição requer, obrigatoriamente, um complemento extraído de um outro diploma – leis, decretos, regulamentos, etc. – para que possam, efetivamente, ser entendidos os limites da proibição ou imposição feitos pela lei penal, uma vez que, sem esse complemento, torna-se impossível a sua aplicação". (GRECO, Rogério. *Curso de Direito Penal*. Parte Geral. Vol. 1. Rio de janeiro: Editora Impetus, 2209, p. 22). Bittencourt, por sua vez, refere sucintamente que "leis penais em branco são as de conteúdo incompleto, vago, lacunoso, que necessitam ser complementadas por outras normas jurídicas, geralmente de natureza extrapenal". (BITTENCOURT, Cezar Roberto. *Tratado de Direito Penal*. Parte Geral. Vol. 1. São Paulo: Saraiva, 2008, p. 152). Por fim, na lição de Mir Puig: "Se habla de leyes penale em blanco para referirse a ciertos preceptos penales principales que, excepcionalmente, no expresan completamente los elementos especificos del supuesto de hecho de la norma secundaria, sino que remiten a otro u otros preceptos o autoridades para que completen la determnninación de aquellos elementos. Pero hay otros aspectos que hacen preferible un concepto algo más amplio de ley penal en blanco, que abarque todos los casos en que el complemento se halla fuera del Código o ley de que se trate, con indepencia de si es del mismo o de inferior rando que ésta". (PUIG, Santiago Mir. *Derecho Penal*. Parte General. Montevideo: Editorial BdeF, 2008, p. 66–67.)

[58] GOMES, Luiz Flávio. BIANCHINI, Alice, op. cit., p. 30.

[59] Veja-se, também, o que refere Machado: "o tipo penal não descreve a ação tida como delituosa, como no caso do homicídio ou da fraude, mas descreve apenas a sua moldura, que será preenchida pela administração pública. Apropriando-se do exemplo utilizado por Hassemer: o tipo penal diz, genericamente, que quem polui a água será sancionado, mas quem fixa os limites de poluição e o momento em que começa o ato criminoso é o direito administrativo, isto é, é uma norma de direito administrativo que estatui que quem joga um quilo de sal em um rio não comete delito, mas quem joga uma tonelada sim, pois ultrapassou o limite da segurança estabelecido". (MACHADO, Marta Rodriguez de Assis, op. cit., p. 113).

a sua moldura e o delito efetivo deve ser descrito pela Administração Pública. Nós chamamos a isso de "acessoriedade administrativa", ou seja, o delito se define por um ato do Poder Executivo."[60]

Todos esses aspectos ocorrem porque o Direito Penal da Sociedade do Risco se mostra voltado à ideia de segurança, possuindo a função de evitar a prática de condutas que possam gerar riscos.[61] Por esse motivo, Silva Sánchez afirma que a "'sociedade do risco' ou 'da insegurança' conduz, pois, inexoravelmente, ao 'Estado vigilante' ou 'Estado da prevenção'" e, ainda, que "nesse contexto policial-preventivo, a barreira de intervenção do Estado nas esferas jurídicas dos cidadãos se adianta de modo substancial".[62] Com isso se adentra no campo dos crimes de perigo,[63] mormente os de perigo abstrato.[64] Por esses

---

[60] HASSEMER, Winfried. Perspectivas de uma moderna política criminal. In: *Revista Brasileira de Ciências Criminais*. São Paulo: Editora Revista dos Tribunais, 1994, nº 8, p. 41-51.

[61] Idem, p. 116.

[62] SÁNCHEZ, Jesús-María Silva, op. cit., p. 127.

[63] Por crimes de perigo podemos entender aqueles em que o bem jurídico penalmente protegido não é lesionado, mas a sua existência é posta em perigo, ou seja, para a configuração do delito, basta que o bem jurídico seja ameaçado de sofrer uma lesão. Nesse aspecto, de acordo com Coelho: "crime de perigo é aquele que, sem destruir ou diminuir o bem-interesse penalmente protegido, representa, todavia, uma ponderável ameaça ou turbação à existência ou segurança de ditos bens ou interesses, com relevante probabilidade de dano". (COELHO, Walter. *Teoria Geral do Crime*. Volume 1. Porto Alegre: Sérgio Antônio Fabris Editor e Fundação Escola Superior do Ministério Público do rio Grande do Sul, 1998, p. 105). E, conforme Callegari: "crimes de perigo, por sua vez, são aqueles que se consumam sem a necessidade de lesão, com o simples perigo – insegurança ou probabilidade de lesão – do bem jurídico, supondo, portanto, um adiantamento das barreiras de proteção a uma fase anterior à efetiva lesão ao bem jurídico". (CALLEGARI, André Luís. *Teoria Geral do Delito e da Imputação Objetiva*. Porto Alegre: Livraria do Advogado, 2009, p. 38). Ainda, de acordo com Bitencourt: "Crime de perigo é aquele que se consuma com a simples criação do perigo para o bem jurídico protegido, sem produzir um dano efetivo". (BITENCOURT, Cezar Roberto, op. cit., p. 213.)

[64] Cabe aqui referir que os crimes de perigo podem ser divididos em crimes de perigo concreto e crimes de perigo abstrato. Em suma, pode-se dizer que os crimes de perigo concreto necessitam da prova da efetiva colocação em perigo do bem jurídico-penal, e os crimes de perigo abstrato, por sua vez, carregam uma presunção de que aquele bem, pela simples prática da conduta, já é ameaçado,

motivos, para Gomes e Bianchini, "o problema da tutela preferencial dos bens supraindividuais não reside tanto na eleição desses bens para a atual configuração do (hipertrofiado) Direito Penal, senão sobretudo na forma (a técnica) da tutela, excessivamente adiantada (v.g.: perigo abstrato, infração de mera desobediência, etc.)".[65]

Nesse contexto, acertadamente conclui Moccia que a incriminação de condutas distantes da ocorrência de uma efetiva agressão ao bem jurídico também põe em xeque a função de delimitação do bem jurídico, "desde el momento en que la incriminación de cualquier conducta, incluso la más inocua desde el punto de vista de la dañosidad

---

prescindindo-se da prova da situação perigosa. Conforme Coelho: "O perigo 'in abstrato' é aquele em que a lei, tendo em vista os dados da experiência geral, considera, 'a priori', como inserido nessa ou naquela ação ou omissão delituosa, avaliando, antecipadamente, sua potencialidade lesiva. Já o perigo 'in concreto' careceria de efetiva averiguação para a plena configuração do respectivo delito, importando, pois, em um juízo 'a posteriore' de sua real ocorrência, ou no mínimo, ensejando prova em contrário (presunção 'juris tantum'). Constata-se, em tais crimes, que o tipo penal refere, expressa ou implicitamente, o evento 'perigo' em seu aspecto naturalístico. É o caso, por exemplo, de crime de 'perigo para a vida ou a saúde de outrem'". (COELHO, Walter, op. cit., p. 109). No que tange a essa distinção, para Bitencourt: "O perigo, nesses crimes, pode ser concreto ou abstrato. Concreto é aquele que precisa ser comprovado, isto é, deve ser demonstrada a situação de risco corrida pelo bem juridicamente protegido. O perigo só é reconhecível por uma valoração subjetiva da probabilidade de superveniência de um dano. O perigo abstrato é presumido *juris et de jure*. Não precisa ser provado, pois a lei contenta-se com a simples prática da ação que pressupõe perigosa". (BITENCOURT, Cezar Roberto, op. cit., p. 213). Sobre os crimes de perigo abstrato, aduz Callegari: "Nesses delitos, o perigo é presumido pelo legislador (presunção *juris et de juri*), não sendo necessária a prova da existência do perigo. É como se o legislador considerasse que a prática da conduta em si já é suficientemente prejudicial para ser punida". (CALLEGARI, André Luís, op. cit., p. 39). Nesse sentido, para Hassemer: "Para este tipo de delito não é necessário que se produza um dano, sequer é necessário que haja o perigo concreto, é suficiente que um ato proibido pelo legislador seja praticado para caracterizar o delito". (HASSEMER, Winfried. Perspectivas de uma moderna política criminal... op. cit., p. 46). De acordo com Machado, por sua vez: "os tipos de perigo diferem dos de dano pois retratam uma conduta típica que, para se consumar, prescinde da produção do resultado lesivo ao bem jurídico, implicando simplesmente uma possível ameaça de produção de tal efeito. Ocorre, assim, um claro adiantamento da proteção do bem a fases anteriores à efetiva lesão". MACHADO, Marta Rodriguez de Assis, op. cit., p. 129.
[65] GOMES, Luiz Flávio. BIANCHINI, Alice, op. cit., p. 83.

social, puede siempre reconducirce a la tutela de fundamentales, aunque remotos, bienes jurídicos".[66]

Ante o exposto, Mulas chama a atenção para o fato de que, no que tange à proteção de bens jurídico-penais, na Sociedade do Risco, ela gira em torno dos perigos a que tais bens estão submetidos, propiciando-se, assim, o incremento da previsão legal dos delitos de perigo, principalmente os de perigo abstrato. O autor alerta que "más que resultados, ahora se habla de «riesgos», de «peligros», para bienes jurídicos con el consiguiente cambio en las reglas de la causalidad, culpabilidad y responsabilidad".[67] E acrescenta: "es en el domínio de peligro, en la capacidad del actuar humano de contener el riesgo de su conducta, donde viene a centrarse lo injusto. El adelamiento de la intervención penal parece, pues, justificado. Pero, ¿hasta que punto? ¿Cuál es el riesgo permitido em cada conducta? ¿Cuál es el nivel máximo de riesgo por encima del cual se establece el injusto penal?".[68]

Zuñiga Rodriguéz, no mesmo sentido, alerta para a situação de preocupação, em relação às condutas delituosas, não mais com lesões que possam causar, mas com perigo de lesões, o que explicaria, para a autora, o incremento dos crimes de perigo, havendo, consequentemente, a antecipação da intervenção penal antes da efetiva lesão ao bem jurídico, para fins de contenção de risco. Em suas palavras:

> En primer lugar, la noción predominante de «riesgo» que se produce de la unión entre conductas humanas «riesgosas» y la propia energía «peligrosa» que despliega la técnica, hace que la preocupación por el dominio de las conductas no se centre en la lesión como era antes, sino en el «peligro» de las mismas. Ello explica que la actual

---

[66] MOCCIA, Sérgio, op. cit., p. 115.
[67] MULAS, Nieves Sanz. La validez del sistema penal actual frente a los resctos de la nueva sociedad. In: *El sistema penal frente a los retos de la nueva sociedad*. Madrid: Colex, 2003, p. 12.
[68] Idem, p. 12-13.

> configuração de los tipos penales sea predominantemente de «delitos de peligro», incluso de «delitos de peligro abstracto», pues es en el *dominio del peligro*, en la capacidad del actuar humano de contener el riesgo de su conducta, viene a centrarse lo injusto. Se entiende así, que dada la cantidad de conductas riesgosas para bienes jurídicos importantes en la Sociedad, que pueden desplegarse con un actuar humano que no contenga los riesgos de su conducta, e incluso, dado que la lesión depende de otros muchos factores imponderables («lo desconocido»), el Derecho Penal no debiera esperar a que se produzca la lesión de los bienes jurídicos, sino que es necesario centrar la prevención de las conductas *en la contención del riesgo*. Quedan así justificadas todas las incriminaciones modernas que suponen un adelantamiento de la intervención penal a la lesión de bienes jurídicos, incluso a partir de esta concepción se podrían legitimar también las posturas prevencionistas *ex-ante* que prescinden de la lesión de bienes jurídicos, centrando el injusto en el desvalor de acción.[69]

Por essas razões, a conclusão de Machado é de que os tipos penais de perigo abstrato constituem uma estratégia para coibir ataques a bens jurídicos supraindividuais, pois, com relação a eles, é difícil identificar qualquer lesão ou mesmo ameaça.[70] Para Hassemer, o moderno Direito Penal, para justificar sua antecipada intervenção, utiliza-se da técnica dos crimes de perigo abstrato. Segundo o autor, os delitos de lesão e os de perigo concreto restariam superados. Ele conclui:

> Es fácil entender por qué el legislador utiliza esta vía. Los delitos de peligro abstracto amplían enormemente el ámbito de aplicación del derecho penal, al prescindir del perjuicio, se prescinde también de demostrar la causalidad. Basta sólo con probar la realización de la acción incriminada, cuya peligrosidad no tiene que ser verificada por el juez, ya que sólo ha sido el motivo por el que el legislador la ha incriminado. La labor del juez queda así facilitada extraordinariamente.[71]

---

[69] RODRIGUÉZ, Laura Zuñiga. *Política Criminal*. Madrid: Editorial Colex, 2001, p. 259.
[70] MACHADO, Marta Rodriguez de Assis, op. cit., p. 132.
[71] HASSEMER, Winfried, op. cit., p. 55.

Nesse aspecto, pode-se dizer, na linha do jurista, que o Direito Penal correspondente à Sociedade do Risco vem carregado de uma preocupação com a prevenção, o que, anteriormente, não passava de uma meta secundária.[72] Sobre essa exacerbada ideia de prevenção, referem Gomes e Bianchini que "já não importa tanto retribuir proporcionalmente o mal causado, senão prevenir futuras perturbações, mediante a intimidação".[73]

Esclarecido esse ponto, cumpre abordar um fator denominado por Silva Sánchez de "correlação das esferas de organização individual". Com essa expressão, o jurista quer dizer que a interação entre os indivíduos, sua interdependência na vida social e a existência de uma profunda complexidade das relações e da sociedade em si fazem com que aumente a possibilidade de que um dos tantos contatos que o ser humano possui resulte em alguma lesão. Nesse aspecto, mais uma vez, constata-se uma crescente incidência dos delitos de perigo, especialmente dos de perigo abstrato, que passam a ter maior importância do que os tradicionais delitos de resultado,[74] tendo em vista que esses últimos parecem não mais se mostrar suficientemente satisfatórios como "técnica de abordagem do problema".[75] Conforme o autor: "daí o recurso cada vez mais freqüente aos tipos de perigo, assim como a sua configuração cada vez mais abstrata ou formalista (em termos de perigo presumido)".[76]

Além disso, a grande interdependência das esferas individuais de cada cidadão faz com que (dentro daquela

---

[72] HASSEMER, Winfried, op. cit., p. 49.
[73] GOMES, Luiz Flávio. BIANCHINI, Alice, op. cit., p. 30.
[74] Os delitos de resultado, pode-se dizer brevemente, ao contrário dos delitos de perigo, logicamente, são aqueles em que, para a configuração do ilícito penal é necessária a ocorrência de uma efetiva lesão a um bem jurídico-penal, ou seja, que aquela conduta delituosa provoque, de fato, um resultado danoso.
[75] Todas essas ideias são abordadas por Silva Sánchez, em SÁNCHEZ, Jesús--María Silva, op. cit., p. 28-32.
[76] SÁNCHEZ, Jesús-María Silva, op. cit., p. 31.

característica de que os riscos são gerados por condutas humanas) a preservação de bens jurídicos de uma pessoa dependa de atitudes positivas (de controle dos riscos) de outras. Como ressalta Silva Sánchez "as esferas individuais de organização já não são autônomas; produzem-se, de modo continuado, fenômenos – recíprocos – de transferência e assunção de funções de proteção de esferas alheias".[77] Em termos de Direito Penal, isso proporciona um aumento da demanda de previsão dos crimes de comissão por omissão (ou comissivos impróprios).[78]

---

[77] SÁNCHEZ, Jesús-María Silva, op. cit., p. 31.

[78] Cumpre trazer uma breve explicação do que sejam crimes omissivos impróprios ou comissivos por omissão. Nesse contexto, tais delitos são aqueles em que a conduta punível se dá por meio de um não fazer, sendo que essa abstenção parte daquele que possuía o dever de evitar o resultado perigoso ou danoso, ou seja, daquele que chamamos de garante (possuidor de uma função de garantia daquele bem jurídico). Como exemplo clássico, é possível citar a situação da mãe que deixa de alimentar seu filho. A título de esclarecimento, tem-se as definições de alguns autores. Para Régis Prado, "o crime omissivo impróprio consiste em dar lugar por omissão a um resultado típico, não evitado por quem podia e devia fazê-lo, ou seja, por aquele que, na situação concreta, tinha a capacidade de ação e o dever jurídico de agir para obstar a lesão ou o perigo de lesão ao bem jurídico tutelado (situação típica). Implícito na norma está uma ordem ou mandado de realizar a ação impeditiva do evento, imputando-se-o ao omitente que não o evitou, podendo evitá-lo. Trata-se de delito especial, pois tão somente aquele que estando anteriormente em uma posição de garante do bem jurídico, não evita o resultado típico, podendo fazê-lo, é o autor". (PRADO, Luiz Regis. Curso de Direito Penal Brasileiro. Volume 1 – Parte Geral. Arts. 1º a 120. São Paulo: Editora Revista dos Tribunais, 2004, p. 307). Para Cerezo: "Los delitos de comisión por omisión se caracteriazan, como vimos, porque contienen un mandato de realizar una acción tendente a evitar la producción de un resultado delictivo, que si finalmente se produce, se le imputa al omitente que no lo impidió pudiendo hacerlo". (MIR, José Cerezo. Derecho Penal. Parte General. São Paulo: Editora Revista dos Tribunais, Lima: Ara Editores, 2007, p. 1139). Na definição de Coelho: "Em outras palavras, no crime omissivo próprio integra-se a tipicidade como a não realização da atividade devida, descumprindo-se o preceito de agir dessa ou daquela maneira; no omissivo impróprio desatende-se, indiretamente, por omissão, a norma proibitiva de causar um resultado". (COELHO, Walter, op. cit., p. 86). Ainda, para Bitencourt, "nos crimes omissivos impróprios ou comissivos por omissão, o dever de agir é para evitar um resultado concreto, quando o agente não tem simplesmente a obrigação de agir, mas a obrigação de agir para evitar um resultado, isto é, deve agir com a finalidade de impedir a ocorrência de determinado evento". (BITTENCOURT, Cezar Roberto, op. cit., p. 236).

Ainda, na perspectiva de Silva Sánchez, outra característica desse modelo social do risco que afeta diretamente o Direito Penal é o fato do crescimento tecnológico proporcionar novos instrumentos para a produção de resultados lesivos dolosamente. É o que ocorre nos crimes de informática ("ciberdelinquência"), por exemplo. A criminalidade organizada também ganha força com os progressos técnicos, visto que facilitam a comunicação entre os membros da organização criminosa. Nas palavras do autor:

> O progresso técnico dá lugar, no âmbito da delinqüência clássica tradicional (a cometida com dolo direto e de primeiro grau), a adoção de novas técnicas como instrumento que lhe permite produzir resultados especialmente lesivos; assim mesmo, surgem modalidades delitivas dolosas de novo cunho que se projetam sobre os espaços abertos pela tecnologia. A criminalidade, associada aos meios informáticos e à Internet (a chamada *ciberdelinqüência*), é, seguramente, o maior exemplo de tal evolução. Nessa medida, acresce-se inegavelmente a vinculação do progresso técnico e o desenvolvimento das formas de *criminalidade organizada*, que operam internacionalmente e constituem claramente um dos novos riscos para os indivíduos e os Estados.[79]

Além desse fator, e com maior significado, aumenta o âmbito dos crimes praticados sem intenção. É o que se denomina de falha técnica. Nesse contexto, para Zuñiga Rodriguéz, o Direito Penal do Risco está preocupado com as condutas imprudentes, que infringem o dever de cuidado, manifestada, normalmente na falha técnica:

> El Derecho Penal del riesgo así concebido, centra su preocupación en las conductas imprudentes, es decir, en las conductas que infringen el deber de cuidado exigido. Si bien en la Sociedad del riesgo, todas las formas de criminalidad se nutren de esta perspectiva, como por ejemplo, la criminalidad organizada que indudablemente ha avanzado al hilo del desarrollo tecnológico, es sobre todo la criminalidad imprudente la que resulta relevante, porque es la que desencadena los riesgos sociales. Las consecuencias lesivas de los «fallos técnicos»

---

[79] SÁNCHEZ, Jesús-María Silva, op. cit., p. 29-30.

se desencadenan normalmente por un actuar humano imprudente, pero muchas veces, por la confluencia de varios actuares humanos no necesariamente coordinados.[80]

Ademais desses importantes aspectos, verifica-se que a responsabilização de indivíduos ou grupos de indivíduos por tais riscos resta dificultosa. Além do problema de previsão da aparição dos riscos, as atividades que os geram se entrecruzam de maneira que seu controle escapa das mãos de uma pessoa, fora quando sequer se sabe nas mãos de quem ele está. Some-se, ainda, o fato de que os critérios de distribuição dos riscos (já que não mais se admite a possibilidade de sua neutralização, cabendo somente uma preocupação com sua distribuição) não satisfazem as exigências de imputação de responsabilidade. Nesse sentido aduz Ripollés:

> Se aprecian crecientes dificultades para atribuir la responsabilidad por tales riesgos a determinadas personas individuales o colectivas: A la ya citada problemática previsión de su aparición, se añade la realidad de unas actividades generadoras de riesgos que se entrecruzan unas com otras, de manera que el control del riesgo no solo escapa al domínio de uno mismo, sino que tampoco está claro en manos de quien está; se hacen ineludibles critérios de distribuición de riegos que no satisfacen plenamente las exigencias de imputación de responsabilidad.[81]

Nesse mesmo prisma, Buergo alerta para o fato de que, em uma sociedade como a nossa, crescem os contatos interpessoais anônimos, a complexidade das relações entre os indivíduos e, também, a utilização de instrumentos potencialmente lesivos e a pluralidade de sujeitos que participam de uma mesma cadeia complexa. Por esse motivo, é difícil prever o momento da aparição do dano (que poderá possuir uma dimensão enorme), não se podendo

---

[80] RODRIGUÉZ, Laura Zuñiga, op. cit. p. 260.
[81] RIPOLLÉS, José Luis Díez. De la Sociedad del Riego a la Seguridad Ciudadana: Um Debate Desenfocado. In: *Política Criminal, Estado e Democracia*. Homenagem aos 40 anos do Curso de Direito e aos 10 anos do Curso de Pós-Graduação em Direito da Unisinos. André Luís Callegari (Org.) Rio de Janeiro: Lúmen Júris, 2007, p. 83-84.

identificar sua atuação no tempo e no espaço. Tudo isso acaba por dificultar a aplicação das regras de causalidade, culpabilidade e outros princípios básicos de responsabilidade. Conforme a autora,

> aunque sabemos que la responsabilidad presupone el conocimiento más o menos preciso de las consecuencias derivadas de una acción (previsibilidad) y un sujeto de la acción al que se puedan imputar causalmente las consecuencias de tal acción, ambas cosas son problemáticas en el caso del riesgo vinculado a las tecnologías modernas. En la medida en que en una sociedad postindustrial avanzada como la presente, crecen los contactos relativa o totalmente anónimos, la complejidad de las relaciones de interacción, en las que es también frecuente la realización de actividades o el empleo de instrumentos que pueden tener efectos potencialmente peligrosos o lesivos, sobre los cuales existe cierto grado de incertidumbre, cuando no desconocimiento – esto es, veces no se sabe de que tipo pueden ser, ni de qué momento pueden darse –, se resalta la enorme dificultad de imputar o atribuir responsabilidades por otra parte, los pilares básicos del cálculo de riesgos y de aseguramiento se muestran insuficientes ante estos nuevos riesgos tecnológicos puesto que no son fácilmente imputables según las reglas vigentes de la causalidad, la culpabilidad y otros principios básicos de la responsabilidad. Ello se debe a que se generan en sistemas complejos, en los que participan una pluralidad de sujetos y en los que frecuentemente no hay certidumbre acerca de la eventualidad, el grado de posibilidad y el momento de producción de efectos lesivos, que pueden llegar a ser catastróficos por su gran magnitud, por su gran difusión espacial y permanencia temporal, o bien por su efecto acumulativo a través de pequeñas dosis. En definitiva, se trata de la imposibilidad de dominar en toda su dimensión espacio-temporal, las consecuencias de la técnica: su auténtica potencialidad no es abarcable ni previsible por las normas jurídicas.
> Por tanto, la imposibilidad en muchas ocasiones de determinar un agente de la acción al que poder imputar causalmente responsabilidad viene propiciado no sólo por la opacidad causal sino también, de modo especial, por el hecho de que muchos de los riegos de la sociedad actual son consecuencia de acciones de distintos agentes, lo que supone una difuminación de la responsabilidad, que genera lo que hemos aludido como «irresponsabilidad organizada».[82]

---
[82] BUERGO, Blanca Mendoza. Gestión del Riesgo ..., op. cit., p. 78-79.

Machado também manifesta preocupação com as dificuldades encontradas para a atribuição de responsabilidades. A jurista, partindo do enfoque de que há "uma complexidade organizativa das relações de causalidade e, por conseguinte, de responsabilidade, que cercam a sua gênese",[83] identifica que os avanços tecnológicos e econômicos aumentaram as interconexões causais e substituíram ações individuais por ações coletivas, o que ramificou as responsabilidades, distribuindo-as entre mais pessoas.

Buergo também alerta para essa questão, referindo, pelos mesmos motivos aduzidos por Machado, que a responsabilidade acaba por se ramificar, quedando distribuída entre muitas pessoas, o que, devido à magnitude da interação e complexidade da produção dos riscos, gera o que se tem chamado de "irresponsabilidade organizada". Isso porque, quanto mais complexa e aperfeiçoada é uma organização, menor é a sensação de responsabilidade de cada indivíduo, já que a participação de cada uma na cadeia organizacional resta demasiadamente reduzida.[84]

Diante de tudo isso, segundo Albrecht, com o reconhecimento de que as modernas sociedades industriais geram riscos que comprometem a continuidade da própria sociedade, aumenta a demanda por segurança. A proibição, limitação e distribuição desses riscos ganham importância e passam a ser matéria da política de segurança nacional e internacional. Aqui entra o Direito Penal, visto como meio de controle da política dos limites do risco. Para o autor:

> Con el reconocimiento de que las modernas sociedades industriales generan riegos que comprometen la continuidad de la propria sociedad, aumenta la demanda de «seguridad». El progreso económico y tecnológico origina riesgos, como por ejemplo, en el ámbito de la energia nuclear o de la gran industria quimica, que llegan incluso a

---

[83] MACHADO, Marta Rodriguez de Assis, op. cit., p. 61.
[84] BUERGO, Blanca Mendoza, op. cit., p. 28-29.

amenazar las posibilidades de vida de las personas en la Tierra. La prohibición, la limitación o la redistribuición de semejantes riesgos, antes de que traspasen la frontera de lo económica, ecológica y políticamente razonable, pasa a ser materia de la política de seguridad nacional e internacional. A escala nacional el Derecho penal triunfa como un medio de control en la *política de los límites del riesgo*. Asimismo, el Derecho policial preventivo se rearma anticipando la defensa policial del peligro en el ámbito de los peligros potenciales y de los riesgos abstractos. A ello hay que añadir que «*la seguridad*» se ha independizado como necesidad, hasta el punto de que incluso se habla de ella en la opinión pública. La seguridad se convierte en un concepto simbólico.[85]

Pelo exposto, podemos concluir que o fato de vivermos na sociedade do risco influenciará, diretamente, o Direito Penal. Não se pode negar, efetivamente, que o progresso tecnológico e econômico, ocorrido de forma extremamente acelerada desde a Revolução Industrial até os dias atuais, trouxe um incremento dos riscos a que estamos submetidos, já que desconhecidas as reais consequências desse desenfreado avanço. Atrelada a isso está a complexidade social e a interdependência entre os indivíduos, bem como as dificuldades de se atribuir a responsabilidade pela prática de qualquer conduta perigosa.

Diante disso, surge a preocupação de controle de tais riscos, recaindo nas mãos do Estado essa função.[86] Por conseguinte, chegamos ao Direito Penal que, pressionado por clamores de segurança[87] e pelo efetivo surgimento de

---

[85] ALBRECHT, Peter Aléxis, op. cit., p. 471-487.

[86] Nesse aspecto cumpre transcrever as palavras de Buergo: "lo característico del binomio riesgo-inseguridad típico de la sociedad del riesgo puede verse en que la aversión al riesgo implica a una seguridad casi total que sólo puede buscarse reclamando al Estado la prevención del riesgo y provisión de seguridad. Se exige un papel mas activo del Estado, tanto en la evaluación y gestión de los nuevos riesgos como en su faceta del Estado del bienestar, bajo el cual se há desarrollado una demanda material de seguridad casi absoluta. (BUERGO, Blanca Mendoza, op. cit., p. 73-74)

[87] Observe-se que tais clamores por segurança são provenientes de uma sensação de insegurança (denominada de subjetiva) superior à insegurança de fato existente (denominada objetiva), advinda da Sociedade do Risco.

novos bens jurídico-penais, transindividuais, acaba por expandir seu leque de atuação, passando a abarcar, em cada vez maior escala, delitos omissivos (principalmente impróprios) e delitos de perigo. Nesse prisma, de acordo com Ripollés: "en suma, todo ese conjunto de factores activa demandas de intervenciones socioestatales que permitan controlar tales riesgos y aplicar tales temores, y a eso se aplica, entre otros mecanismos sociales, la política criminal".[88] Assim, tem-se que a Sociedade do Risco é a sociedade da insegurança, quedando, também ao Direito Penal, ao menos em tese, acertadamente ou não, a função de combatê-la.

Referências

ALBRECHT, Peter-Alexis. El derecho penal en la intervención de la política populista. In: *La insostenible situación del derecho penal*. Coord. Carlos Maria Romeo Casabona. Granada: Editorial Comares, 2000, p. 471-487.

BECK, Ulrich. *La sociedad del riesgo*. Hacia una nueva modernidad. Barcelona, Buenos Aires, México: Paidós, 1998.

——. *La sociedad del riesgo global*. Madrid: Siglo XXI de España Editores, 2002.

BIANCHINI, Alice, MOLINA, Antonio García-Pablos de, GOMES, Luiz Flávio. *Direito Penal*. Introdução e Princípios Fundamentais. Coleção Ciências Criminais. Vol. 1. São Paulo: Editora Revista dos Tribunais, 2009.

BITTENCOURT, Cezar Roberto. *Tratado de Direito Penal*. Parte Geral. Vol. 1. São Paulo: Saraiva, 2008.

BUERGO, Blanca Mendoza. *El Derecho Penal en la Sociedade del Riesgo*. Madrid: Civitas, 2001.

——. Gestión del Riesgo y Política criminal de Seguridad en la Sociedad del Riesgo. In: *La seguridad en la sociedad del riesgo*. Un debate abierto. Cândido da Agra, José Luis Dominguez, Juan Antonio García Amado, Patrick Hebberecht e Amadeu Recasens (eds). Barcelona: Atelier, 2003.

CALLEGARI, André Luís. *Teoria Geral do Delito e da Imputação Objetiva*. Porto Alegre: Livraria do Advogado, 2009.

——, MOTTA, Cristina Reindolff da. Estado e Política Criminal: A Expansão do Direito Penal como Forma Simbólica de Controle Social. In: *Política Criminal Estado e Democracia*. Porto Alegre: Lumen Juris, 2007.

---

88 RIPOLLÉS, José Luis Díez. De la Sociedad del Riego a la Seguridad Ciudadana..., op. cit. p. 84.

CALLEGARI, André Luís, WERMUTH, Maiquel Ângelo Dezordi. *Sistema Penal e Política Criminal*. Porto Alegre: Livraria do Advogado, 2010.

CAMPIONE, Roger. El que algo quiere algo le cuesta: notas sobre la *Kollateralschadengesellschaft*. In: *La seguridad en la sociedad del riesgo*. Un debate abierto. Cândido da Agra, José Luis Dominguez, Juan Antonio Gracía Amado, Patrick Hebberecht e Amadeu Recasens (eds.). Barcelona: Atelier, 2003.

CASTALDO, Andréas. La concreción del «Riesgo Juridicamente Relevante». In: *Política Criminal y nuevo Derecho Penal*. Libro Homenaje a Claus Roxin. Jesús-María Silva Sánchez (ed.). Barcelona: J. M. Bosch Editor, 1997.

COELHO, Walter. *Teoria Geral do Crime*. Volume 1. Porto Alegre: Sérgio Antônio Fabris Editor e Fundação Escola Superior do Ministério Público do Rio Grande do Sul, 1998.

GOMES, Luiz Flávio, BIANCHINI, Alice. *O Direito Penal na Era da Globalização*. São Paulo: Editora Revista dos Tribunais, 2002.

GRECO, Rogério. *Curso de Direito Penal*. Parte Geral. Vol. 1. Rio de janeiro: Editora Impetus, 2009.

HASSEMER, Winfried. Perspectivas de uma moderna política criminal. In: Revista Brasileira de Ciências Criminais. São Paulo: Editora Revista dos Tribunais, 1994, n° 8, p. 12-25.

——. Persona, mundo y responsabilidad. Bases para una teoría de la imputación en Derecho Penal, Madrid: Tirant lo Blanch, 1999.

JAKOBS, Günter. *Fundamentos del Derecho Penal*. Buenos Aires: Ad Hoc, 1996.

LAZO, Gemma Nicolas. La crisis del Welfare y sus repercusiones en la cultura política europea. In: *Política Criminal y Sistema Penal*. Viejas y nuevas racionalidades punitivas. Iñaki Rivera Beiras e Gemma Nicilás Lazo. Barcelona: Anthropos, 2005.

MACHADO, Marta Rodriguez de Assis. *Sociedade do Risco e Direito Penal*. Uma avaliação de novas tendências político-criminais. São Paulo: IBCCRIM, 2005.

MIR, José Cerezo. *Derecho Penal*. Parte General. São Paulo: Editora Revista dos Tribunais, Lima: Ara Editores, 2007.

MOCCIA, Sérgio. De la tutela de bienes a la tutela de funciones: entre ilusiones postmodernas y reflujos iliberales. In: *Política Criminal y Nuevo Derecho Penal*. Libro Homenaje a Claus Roxin. Jesús-María Silva Sánchez (ed.) Barcelona: José Maria Bosch Editor, 1997.

MULAS, Nieves Sanz. La validez del sistema penal actual frente a los rectos de la nueva sociedad. In: *El sistema penal frente a los retos de la nueva sociedad*. Madrid: Colex, 2003.

PUIG, Santiago Mir. *Derecho Penal*. Parte General. Montevideo: Editorial BdeF, 2008.

PRADO, Luiz Régis. *Curso de Direito Penal Brasileiro*. Volume 1 – Parte Geral. Arts. 1° a 120. São Paulo: Editora Revista dos Tribunais, 2004.

QUIROGA, Jacobo López Barja de. El papel del Derecho penal en la segunda modernidad. In: *Derecho y justicia penal en el siglo XXI*. Madrid: Colex, 2006.

RIPOLLÉS, José Luis Díez. De la Sociedad del Riego a la Seguridad Ciudadana: Um Debate Desenfocado. In: *Política Criminal, Estado e Democracia*.

Homenagem aos 40 anos do Curso de Direito e aos 10 anos do Curso de Pós-Graduação em Direito da Unisinos. André Luís Callegari (Org.) Rio de Janeiro: Lúmen Júris, 2007.

———. *La política criminal en la encrucijada*. Montevideo – Buenos Aires: Edtorial BdeF, 2007.

RODRÍGUEZ, Laura Zúñiga. *Política Criminal*. Madrid: Editorial Colex, 2001.

SÁNCHEZ, Jesús-María Silva. *Aproximación al Derecho Penal Contemporáneo*. Barcelona: José Maria Bosch Editor, 1992.

———. *A expansão do Direito Penal*. Aspectos da política criminal na sociedade pós-industriais. Trad. Luiz Otavio de Oliveira Rocha. São Paulo: Editora Revista dos Tribunais, 2002.

— II —

Mixofobia: a construção dos imigrantes ilegais como "sujeitos de risco" e o tratamento jurídico-penal da imigração irregular na União Europeia como retrocesso rumo a um modelo de Direito Penal de autor

Maiquel Ângelo Dezordi Wermuth[1]

1. Introdução

O estudo do processo de expansão do Direito Penal no que diz respeito à questão da imigração irregular na União Europeia assume, na contemporaneidade, especial relevância diante das consequências nefastas que o alargamento da intervenção punitiva neste setor produz no que diz respeito à proteção dos direitos e garantias fundamentais dos imigrantes. Tais consequências decorrem do fato de que dito processo expansivo encontra-se assentado em bases que são características de um Direito Penal autoritário e demasiadamente repressivo, inadmissível

---

[1] Advogado. Mestre em Direito Público pela UNISINOS – Universidade do Vale do Rio dos Sinos. Professor do Curso de Graduação em Direito da UNIJUÍ – Universidade Regional do Noroeste do Estado do Rio Grande do Sul. E-mail: madwermuth@gmail.com.

no atual estado de desenvolvimento da civilização, ainda mais no que diz respeito aos países centrais europeus, reconhecidos pela sua histórica generosidade em plasmar declarações internacionais de direitos humanos.

O medo e a insegurança que permeiam as relações sociais na contemporaneidade, em decorrência das novas tecnologias e da incerteza que o futuro da sociedade globalizada representa, bem como diante do enxugamento até o limite máximo do modelo de Estado pautado no bem-estar social, conduzem a um ambiente de "mixofobia", onde o "medo de misturar-se" com estrangeiros cada vez mais se acentua. Esse medo surge, em primeiro lugar, porque os estrangeiros são considerados "parasitas" do referido modelo de Estado, e, em segundo lugar, porque eles trazem consigo a possibilidade eventual de tratarem-se de "terroristas", o que decorre justamente do ambiente de "guerra global" que se instaurou nos albores do século XXI, em especial depois dos atentados terroristas ocorridos em Nova Iorque em setembro de 2001.

Como consequência inafastável dos cada vez mais fortes sentimentos de insegurança e medo na sociedade contemporânea, bem como da utilização deste "medo" enquanto "capital político", a população passa a clamar por uma maior presença e eficácia das instâncias de controle social. Em razão disso, o Direito Penal que se estrutura nesse contexto, em atenção a estes anseios populares, passa por um processo de expansão do seu raio de intervenção, com uma significativa transformação dos objetivos e do campo de atuação da política criminal, em decorrência da proeminência que é dada à intervenção punitiva em detrimento de outros instrumentos de controle social.

E essa busca por eficiência exige a "adequação" dos conteúdos do Direito Penal e Processual Penal à nova realidade, o que perpassa por um processo de "atualização" dos instrumentos punitivos, com a consequente flexibilização e/ou supressão de garantias penais e processuais penais liberais.

Considerando-se o fato de que o processo de expansão do Direito Punitivo coincide com o processo de desmantelamento do Estado de bem-estar social, pode-se afirmar que é exatamente nesse contexto que surge um dos principais problemas do fenômeno expansivo: o Direito Penal passa a ser considerado um instrumento privilegiado de controle e disciplinamento daqueles estratos sociais "eleitos" para representarem a "personificação do mal".

Nesse sentido, o presente artigo pretende demonstrar que, no que se refere à sua instrumentalização para o "combate" à imigração irregular, o Direito Penal encontra-se na contemporaneidade trilhando um caminho de retrocesso rumo a um modelo de Direito Punitivo de autor, por meio do qual não se assegura a proteção dos cidadãos e dos seus direitos fundamentais em face da atuação punitiva estatal, tampouco se busca a prevenção à prática de crimes – conforme preconizam os discursos clássicos de legitimação do *jus puniendi* do Estado –, mas sim a dominação e a opressão exercidas precipuamente contra aquelas camadas sociais escolhidas como "alvo" por serem "indesejáveis" em um determinado contexto social, em clara afronta ao princípio da dignidade humana.

2. Direito Penal x imigração irregular: do "descaso" ao "excesso"

No debate jurídico-penal contemporâneo, a preocupação com o enfrentamento aos riscos representados pelas novas formas assumidas pela criminalidade diante do fenômeno da globalização assume papel de destaque. Os atentados terroristas ocorridos em grandes centros urbanos nos albores deste novo século – a exemplo dos perpetrados em Nova Iorque em setembro de 2001 e em Madri em março de 2004 – deflagraram sinais de alerta nas políticas de segurança dos mais diversos países, suscitando a discussão sobre a capacidade dos poderes públicos em dar respostas efetivas a esses problemas.

Ditos eventos, segundo Hardt e Negri,[2] na verdade não criaram nem alteraram a situação de "guerra global"[3] na qual se vive na contemporaneidade, mas apenas obrigaram a reconhecer seu caráter geral, ou seja, que "não há como fugir ao estado de guerra" e que "não há um fim à vista", uma vez que "a guerra transformou-se numa condição geral: em determinados momentos e lugares, pode haver cessação das hostilidades, mas a violência letal está presente como potencialidade constante, sempre pronta a irromper em qualquer lugar".[4] Quer dizer, os eventos referidos, em especial o primeiro, serviram para colocar em crise a ilusão de segurança e invulnerabilidade do "Primeiro Mundo".[5]

---

[2] HARDT, Michael; NEGRI, Antonio. *Multidão:* guerra e democracia na era do Império. Trad. Clóvis Marques. São Paulo: Record, 2005, p. 22-23.

[3] Segundo Hardt e Negri (2005, p. 21-22), em nossos dias "a guerra transforma-se num fenômeno geral, global e interminável", uma vez que "inúmeros conflitos armados manifestam-se hoje através do planeta, alguns breves e limitados a um lugar específico, outros prolongados e expansivos". Isso leva os referidos autores a argumentarem que esses conflitos não devem mais ser encarados como "casos de guerra", mas sim de "guerra civil", pois "enquanto a guerra, como tradicionalmente entendida pelo direito internacional, é um conflito armado entre entidades políticas soberanas, a guerra civil é o conflito armado entre combatentes soberanos e/ou não soberanos *dentro de um mesmo território soberano*. Essa guerra civil já não seria entendida agora no contexto de um espaço nacional, pois deixou de ser esta a unidade efetiva de soberania, mas no ambiente global". Como decorrência disso, "cada guerra local não deve ser encarada isoladamente, e sim como parte de uma grande constelação, ligada em graus variados tanto a outras zonas de guerra quanto a áreas que atualmente não se encontram em guerra".

[4] Para Pérez Cepeda (2007, p. 125), "hoy la guerra se há convertido en una situación generalizada y permanente".

[5] PÉREZ CEPEDA, Ana Isabel. *La seguridad como fundamento de la deriva del derecho penal postmoderno.* Madrid: Iustel, 2007.

Com isso, o estado de exceção – paradoxalmente – transforma-se na regra, fazendo com que se torne cada vez mais obscura a distinção tradicional entre guerra e política, dado que "a guerra vai-se transformando no princípio básico de organização da sociedade, reduzindo-se a política apenas a um de seus recursos ou manifestações".[6]

Nesse contexto, o medo, compreendido como sentimento de vulnerabilidade, converte-se em um condicionante importante das políticas de segurança, sendo utilizado como escusa perfeita para evitar a perda de velocidade de projetos neoliberais hegemônicos. Criam-se "inimigos" com o objetivo único de eliminar toda resistência às estratégias das posições dominantes.[7]

Pode-se, portanto, afirmar que a guerra transforma-se num *"regime de biopoder*, vale dizer, uma forma de governo destinada não apenas a controlar a população, mas a produzir e a reproduzir todos os aspectos da vida social".[8] Diante disso, Pérez Cepeda afirma que

> la guerra se convierte en un instrumento natural para preservar un orden igualmente natural que se identifica indisolublemente con los intereses neoliberales y con el instrumento decisório de su ideario político: el dominio del mercado mundial o la ideología del liberalismo, reduciendo la mundialización a una dimensión, la económica.[9]

Afinal, deve-se considerar o fato de que "uma guerra para criar ou manter a ordem social não pode ter fim. Envolverá necessariamente o contínuo e ininterrupto exercício do poder e da violência".[10]

Isso fica evidente quando se analisa a alteração verificada no emprego corrente do conceito de guerra entre o fim do século XX e início do século XXI. A retórica da

---

[6] HARDT, Michael; NEGRI, Antonio. Op. cit., 2005, p. 33.
[7] PÉREZ CEPEDA. Op. cit., 2007.
[8] HARDT, Michael; NEGRI, Antonio. Op. cit., 2005, p. 34.
[9] PÉREZ CEPEDA. Op. cit., 2007, p. 126.
[10] HARDT, Michael; NEGRI, Antonio. Op. cit., 2005, p. 35.

guerra passa a ser usada para fazer referência a atividades muito diferentes da guerra propriamente dita, ou seja, atividades que não envolvem violência letal ou derramamento de sangue. Usam-se as metáforas da guerra nos esportes, no comércio, na política interna de um país, etc, para indicar competição, mas uma competição que não se dá entre inimigos na acepção literal do termo, bem como para chamar a atenção para os riscos e conflitos envolvidos nessas atividades. Por outro lado, também se utiliza a retórica da guerra como manobra política para conseguir adesão de forças sociais em torno de um objetivo de união típico de um esforço de guerra, podendo-se citar como exemplo as "guerras contra a pobreza".[11]

No entanto, a partir do momento em que a retórica da guerra passou a ser utilizada também para mobilização social contra as drogas – no final do século XX – e contra o terrorismo – no início do século XXI –, ela começou a assumir um caráter mais concreto. Ainda que, como no caso da guerra contra a pobreza, os "inimigos" não são apresentados como Estados-nação ou comunidades políticas específicas, ou sequer como indivíduos, e sim como "conceitos abstratos ou talvez um conjunto de práticas", essas guerras "não são assim tão metafóricas, pois, como no caso da guerra tradicional, envolvem combates armados e força letal". Com isso, nessas guerras "é cada vez menor a diferença entre o exterior e o interior, entre os conflitos externos e a segurança interna", razão pela qual se pode falar na passagem "das invocações metafóricas e retóricas da guerra para guerras reais contra inimigos indefinidos e imateriais".[12]

Como consequência disso,

> os limites da guerra tornam-se indeterminados, em termos espaciais e temporais. A guerra à maneira antiga contra um Estado-nação tinha

---

[11] HARDT, Michael; NEGRI, Antonio. Op. cit., 2005, p. 35.
[12] Ibidem.

claras delimitações espaciais, embora pudesse eventualmente disseminar-se por outros países, e seu fim geralmente era marcado por uma rendição, uma vitória ou uma trégua entre os Estados em conflito. Em contraste, a guerra contra um conceito ou um conjunto de práticas, mais ou menos como uma guerra de religião, não conhece limites espaciais ou temporais definidos. Tais guerras podem estender-se em qualquer direção, por períodos indeterminados. E com efeito, quando os dirigentes americanos anunciaram sua "guerra ao terrorismo", deixaram claro que deveria estender-se por todo o mundo e por tempo indefinido, talvez décadas ou mesmo gerações inteiras.[13]

Em um contexto tal, o Direito Penal é eleito como instrumento privilegiado de resposta ao "conjunto de práticas" que se convencionou chamar de "terrorismo". E, no ambiente de "guerra global", passou-se a preconizar a expansão do raio de intervenção do Direito Punitivo, bem como a destacar a importância de se relegarem a segundo plano princípios e garantias que davam sustentação à sua teorização liberal, em nome de uma maior eficiência no "combate".

Isso tem conduzido, como adverte Pérez Cepeda,[14] em âmbito global, a uma simbiose entre as noções e conceitos que outrora separavam o Direito Penal da guerra, o que fica claro a partir da análise de uma das teorizações mais polêmicas da contemporaneidade no sentido de legitimação de um modelo tal de Direito Penal. Trata-se da tese defendida por Günther Jakobs,[15] para o qual o combate efetivo da macrocriminalidade somente se viabiliza na medida em que haja uma diferenciação no trato daqueles que podem ser considerados – ainda que delinquam eventualmente – como *cidadãos*, e aqueles que só podem ser enfrentados enquanto *inimigos* do Estado,

---

[13] HARDT, Michael; NEGRI, Antonio. Op. cit., 2005, p. 35.
[14] PÉREZ CEPEDA. Op. cit., 2007.
[15] JAKOBS, Günther. Direito penal do cidadão e direito penal do inimigo. In. CALLEGARI, André Luís; GIACOMOLLI, Nereu José (org. e trad.). *Direito penal do inimigo*: noções e críticas. 4. ed. atual. e ampl.. Porto Alegre: Livraria do Advogado, 2009. p. 19-70.

pois das suas regras se afastaram definitivamente, como é o caso dos terroristas e dos indivíduos pertencentes ao crime organizado.

Essa diferenciação entre inimigos e cidadãos decorre da compreensão de Jakobs de que os primeiros, pelo fato de constituírem uma ameaça ao sistema social, não podem ser tratados como pessoas, mas sim *combatidos* como *não pessoas*. Para o autor, "um indivíduo que não admite ser obrigado a entrar em um estado de cidadania não pode participar dos benefícios do conceito de pessoa",[16] razão pela qual o papel do Direito Penal do inimigo consiste em eliminar o perigo representado pelos indivíduos (não pessoas) que se encontram fora da ordem social estabelecida e não oferecem garantias de que voltarão a agir com fidelidade às normas instituídas por esta ordem social. Como aduz Jakobs,

> quien no admite someterse a una constitución civil puede lícitamente ser obligado a la separación, siendo aquí indiferente, a la hora de plantear la cuestión de la legitimación de las medidas de salvaguardia, que se expulse al enemigo del país o que sea arrojado, a falta de posibilidad de destierro, a la custodia de seguridad, o sometido a una "pena" de aseguramiento, u otras posibilidades. En todo caso, el derecho no debe renunciar a causa del sujeto que persiste en su conducta desviada a alcanzar realidad; dicho de outro modo, quien no presta la garantia cognitiva de que se comportará como persona en derecho, tampoco debe ser tratado como persona en derecho.[17]

Segundo Pérez Cepeda, isso representa

> un cambio de paradigma, por una parte, al destinatario de la norma no se le valora como persona, postergando con ello su dignidad persona y se le convierte legalmente en el enemigo del sistema. Al crearse el estatuto de "combatiente enemigo" o tratar de justificarlo o explicarlo, se actúa con evidente fraude de ley, al dejar fuera del sistema jurídico

---

[16] JAKOBS, Günther. Op. cit., 2009, p. 35.
[17] JAKOBS, Günther. La pena estatal: significado y finalidad. In. LYNETT, Eduardo Montealegre (coord.). *Derecho Penal y sociedad:* estudios sobre las obras de Günther Jakobs y Claus Roxin, y sobre las estructuras modernas de la imputación. Tomo I. Bogotá: Universidad Externado de Colombia, 2007. p. 57.

interno y a la vez fuera de la normativa internacional a los sospechosos de terrorismo. Por ende, el principio de enemistad tiende a aplicarse a cualquiera que amenaza al orden constituido. Por la otra, como modelo autoritario, utiliza la técnica de la emergencia o la excepcionalidad lejos de desaparecer han alcanzado su auténtico cenit, es decir, se habla de guerra permanente para otorgar un poder ilimitado al ejecutivo, no solo desestabilizando el equilibrio necesario entre los tres poderes del Estado, sino que este tipo de confusión entre actos del poder ejecutivo y los del legislativo es una de las características esenciales del Estado de excepción. Para esta legislación, lo que realmente importa es la conservación de los intereses del sistema, la capacidad funcional de sus órganos y la defensa del Estado a través de las garantías del propio Estado. Razón por la que esta legislación excepcional para una situación que se define como extraordinaria, como sucede en la lucha contra el terrorismo y/o delincuencia organizada, acaba conviertiéndose en el modelo de legislación normal, a la que inevitablemente contagiar.[18]

Com efeito, no debate contemporâneo sobre o Direito Penal, passou-se a estabelecer uma relação diametralmente oposta entre garantias e segurança, sustentando-se a tese de que o endurecimento das leis e medidas punitivas é imprescindível para aumentar a segurança dos cidadãos, ainda que à custa do sacrifício dos direitos humanos e das garantias penais e processuais dos acusados pela prática de delitos que colocam em risco a população como um todo. É por isso que se afirma que os conceitos de "risco" e de "expansão" ocupam o centro do processo de "modernização" do Direito Penal, expressando a ideia de que a atenção à nova realidade delitiva, ínsita ao ambiente de "guerra global" contemporâneo, perpassa pela ampliação do seu campo de atuação.

Isso fica evidenciado diante da constatação de que, na evolução atual das legislações penais do mundo todo – e, de modo especial, dos países europeus –, verifica-se o surgimento de múltiplas figuras típicas novas e, não raro,

---
[18] PÉREZ CEPEDA. Op. cit., 2007, p. 134.

o surgimento de setores inteiros de regulação que têm na "prevenção" dos riscos sua razão de existência.

Um claro exemplo disso é o debate que se tem instaurado na atualidade acerca da utilização do Direito Penal no controle dos fluxos migratórios ou, mais especificamente, no "combate" –, e a nomenclatura utilizada denota tratar-se de uma guerra – à imigração irregular.

Como refere Martínez Escamilla, não se está exagerando "cuando se afirma que los actuales movimientos migratorios están llamados a producir en nuestra sociedad un impacto más profundo y significativo que cualquier otra cuestión social".[19] Como consequência, destaca Llinares[20] que, nos últimos vinte anos nos países centrais europeus, a imigração deixou o lugar minúsculo que ocupava no "ranking" de importância social atribuída às distintas políticas públicas para praticamente encabeçar esta lista hipotética.

A esse propósito, cumpre destacar que, salvo raras exceções, as políticas de imigração dos países integrantes de União Europeia estão sendo construídas "de cima para baixo" e tendem a funcionar como políticas repressivas e excludentes, pautadas em práticas que priorizam o controle de fronteiras em detrimento da integração dos imigrantes. A imigração é vista como uma "ameaça", razão pela qual sua gestão se dá em nível de "segurança", com destaque para o controle das fronteiras e para o reforço dos instrumentos jurídicos e meios materiais que possam potencializar a "luta" contra os imigrantes irregulares.

---

[19] MARTÍNEZ ESCAMILLA, Margarita. ¿Puede utilizarse el derecho penal en la lucha contra la inmigración irregular? Un análisis del tipo básico del art. 318 bis CP em clave de legitimidad. *Revista Electrónica de Ciencia Penal y Criminologia.* n. 10-06, p. 06:1-06:20, 2008. Disponível em: <http://criminet.ugr.es/recpc>. Acesso em: 22 mar. 2010. P. 02.

[20] LLINARES, Fernando Miró. Política comunitaria de inmigración y política criminal en España. ¿Protección o "exclusión" penal del inmigrante? *Revista Electrónica de Ciencia Penal y Criminologia.* n. 10-05, p. 05:1-05:31, 2008. Disponível em: <http://criminet.ugr.es/recpc>. Acesso em: 22 mar. 2010.

No tratamento legal da matéria, verifica-se uma sensível mudança no sentido do recrudescimento das medidas destinadas ao controle da imigração irregular, utilizando-se, para tanto, cada vez mais, de medidas punitivas. Nesse sentido, a Diretiva nº 2008/115/CE,[21] denominada "Diretiva de Retorno", aprovada pelo Parlamento Europeu em 16 de dezembro de 2008 e publicada no Jornal Oficial da União Europeia em 24 de Dezembro de 2008, estabelece medidas de maior controle ao fluxo migratório e concede aos Estados-Membros da União Europeia uma autonomia procedimental e grande poder discricionário na aplicação das ações nela contidas.

A Diretiva prevê, dentre outras medidas, em seu art. 15, que imigrantes sem documentos sejam presos, por ordem emanada por autoridades administrativas ou judiciais, durante até dezoito meses. Assim, os Estados membros estão autorizados a prender os estrangeiros objetos de procedimentos de expulsão por até seis meses quando se entender que isso é necessário para a execução da expulsão. O nº 6 do referido dispositivo prevê que os Estados membros podem, no entanto, prolongar dita privação de liberdade por até doze meses a mais quando a expulsão tenha sido inviabilizada por conta de "falta de cooperação do nacional de país terceiro em causa" ou em decorrência de "atrasos na obtenção da documentação necessária junto de países terceiros".

Essa mudança no tratamento legal da questão da imigração irregular pelos países integrantes da União Europeia é analisada por Martínez Escamilla[22] a partir do discurso proferido por José Luis Rodríguez Zapatero durante a campanha eleitoral para as eleições gerais na Espanha de 9 de março de 2008. Para a referida autora,

---

[21] Texto integral disponível em: <http://www.europarl.europa.eu/sides/getDoc.do?type=TC&reference=P6-TC1-COD-2005-0167&language=PT>. Acesso em 01 maio 2010.
[22] MARTÍNEZ ESCAMILLA, Margarita. Op. cit., 2008.

dito discurso serve para sintetizar a política europeia de controle da imigração, em especial quando Zapatero afirma que

> nuestra política de inmigración tiene un principio: sólo pueden venir y quedarse los que pueden trabajar de acuerdo con la ley. Es decir, lucha con firmeza contra la inmigración ilegal. Y eso hay que hacerlo en tres frentes. Primero, que no salgan de sus países de origen personas empujadas por la desesperación. Segundo, que el control de fronteras impida la entrada de inmigrantes que no tengan un contrato de trabajo garantizado. Y, tercero, que se pueda devolver a los países de origen a las personas que entran ilegalmente aquí.[23]

Ou seja, a referida "luta" contra a imigração irregular deve buscar alcançar três objetivos principais: "el primero impidiendo que salgan y que se nos aproximen. El segundo, impidiendo que entren, que traspasen nuestras fronteras. Para el caso de que consigan entrar em nuestro territorio, el tercer objetivo sería echarles de él, forzarles a salir".[24]

O primeiro objetivo (evitar a saída dos imigrantes de seus países de origem) é buscado por meio do controle dos fluxos migratórios pela Europa fora das suas fronteiras, encarregando a outros países de trânsito a tarefa de contenção da imigração em troca de pressões e ajudas econômicas. Martínez Escamilla[25] destaca as consequências nefastas desse processo:

> este encargo a países tan poco respetuosos con los derechos humanos como, por ejemplo, Libia, Marruecos o Mauritania, se viene traduciendo en la reiterada vulneración de derechos humanos por parte de la policía de estos países, que se concreta en palizas, desvalijamentos e incluso homicidios y todo ello con el silencio cómplice de Europa,

---

[23] *Apud* LARA, Rafael. ¿Regulación de Flujos? 20 años de muerte en las fronteras. In. APDHA – *Derechos Humanos en la Frontera Sur 2008*. 2008, p. 91.

[24] MARTÍNEZ ESCAMILLA, Margarita. Op. cit., 2008, p. 5.

[25] MARTÍNEZ ESCAMILLA, Margarita. Inmigración, Derechos Humanos y Política Criminal: ¿Hasta donde estamos dispuestos a llegar? *Revista Para el Análisis del Derecho*. n. 3, p. 2-45, 2009. Disponível em: <www.indret.com>. Acesso em: 22 mar. 2010, p. 6.

que gasta ingentes cantidades de dinero en militarizar las fronteras de estos países para evitar la inmigración pero se desentiende de cuestiones de un humanitarismo básico como facilitar el retorno de los inmigrantes interceptados quienes tienen que volver a sus lugares de origen enfrentando las mismas penalidades, peligros y abusos que sufrieron en su intento de llegar a Europa y ello ahora en um estado físico muy deteriorado y con importantes traumas psicológicos.

O segundo objetivo (evitar a entrada dos imigrantes na Europa) traduz-se na tentativa de impermeabilização das fronteiras europeias de forma a evitar o ingresso dos imigrantes. Com isso, incrementa-se a imigração irregular e, consequentemente, os riscos assumidos pelas pessoas que pretendem transpor as fronteiras, podendo-se falar em "una relación directa entre incremento de las dificultades y número de muertes en el intento, lo que hace especialmente patente en la frontera sur de Europa, donde la intensificación del control supuso la búsqueda de travesías alternativas, más largas y más peligrosas".[26]

Por fim, no que se refere à consecução do terceiro objetivo (forçar os imigrantes a saírem do território europeu), é frequente a utilização, pelos países integrantes da União Europeia, do Direito Penal. Nesse sentido, o Direito Punitivo se expande e se rearma como resposta aos medos e inseguranças da população diante da imigração irregular.

Com isso, o imigrante que consegue superar os obstáculos e ingressar em território europeu depara-se com um Estado poderoso disposto a tudo para forçá-lo a retornar ao seu país de origem. A esse respeito, algumas alterações operadas nas legislações dos países centrais europeus merecem destaque.

Entre elas, pode-se citar, inicialmente, no caso da Itália, o Decreto Legislativo nº 286/1998, o chamado Texto

---

[26] MARTÍNEZ ESCAMILLA, Margarita. Op. cit., 2008, p. 7.

Único Sobre a Imigração.[27] Referido texto legal trata dos imigrantes ilegais não como sujeitos passivos dos delitos nele previstos – ou seja, não são tratados como titulares do bem protegido –, mas apenas como objetos materiais[28] das condutas descritas ou como autores de delitos.

Segundo Donini,[29] há apenas dois únicos casos onde o estrangeiro parece ser, de modo direto ou indireto, objeto de tutela e, portanto, pessoa ofendida, de incriminações autônomas do Texto Único: são as hipóteses do art. 12, incisos 5 e 5-bis, que se referem aos delitos de favorecimento da permanência ilegal ou da hospedagem de imigrantes clandestinos, os quais são castigados se foram cometidos com a finalidade de obter um injusto proveito da condição de ilegalidade do estrangeiro ou, respectivamente, se se apresentam a título oneroso e com a finalidade de obter um injusto proveito.

Em razão do exposto, o já citado penalista italiano refere que o tratamento legal da questão da imigração na Itália representa "una política de la exclusión, penalmente armada". Isso permite aproximá-la, no contexto do Direito Penal de combate, ao Direito Penal do inimigo, uma vez que "convierte a los adversarios en 'no personas' destinadas a ser neutralizadas o excluidas sin culpabilidad, o en todo caso *sin uma 'culpa' correspondiente a la sanción que es aplicada*, transformando la respuesta penal en la más típica de un derecho penal de autor".[30]

---

[27] Texto integral disponível em: <http://www.camera.it/parlam/leggi/deleghe/98286dl.htm>. Acesso em: 23 abr. 2010.

[28] Segundo Donini (2009, p. 55) "la referencia al inmigrante (o al extranjero) extracomunitario como un mero 'objeto material' pode desconcertar, pero se anida aquí un critério técnico (un criterio 'clásico' de la teoria del delito) de gran importância para 'develar' la cultura que permea en estos tipos penales".

[29] DONINI, Massimo. El ciudadano extracomunitario: de "objeto material" a "tipo de autor" en el control penal de la inmigración. *Revista Penal*. n. 24, p. 52-70, 2009.

[30] Idem, p. 59-60.

Tais constatações, refere Donini,[31] permitem inferir a evidência de que "nos encontramos en los confines com la biopolítica", ou, em outras palavras:

> con aquel ámbito donde el poder soberano disciplina el estatus de quien no tiene derechos de ciudadania y se manifiesta al Estado por ser simplesmente un "cuerpo", con su identidad física, sexual, étnica, geográfica, etc., sobre el cual el poder dicta las leyes, comenzando así a asignar o negar derechos *en razón de las "corpóreas" o, en el tipo penal, de proveniencia geográfica*.[32]

Na linha do até aqui exposto, cumpre referir o surgimento dos chamados "delitos de solidariedade". Além da previsão de ditos delitos na legislação italiana, na França, o governo Sarkozy promoveu a inserção do artigo L 622-1 no Código de Entrada e Residência de Estrangeiros e do Asilo, prevendo que:

> Toute personne qui aura, par aide directe ou indirecte, facilité ou tenté de faciliter l'entrée, la circulation ou le séjour irréguliers, d'un étranger en France sera punie d'un emprisonnement de cinq ans et d'une amende de 30 000 Euros.
> Sera puni des mêmes peines celui qui, quelle que soit sa nationalité, aura commis le délit défini au premier alinéa du présent article alors qu'il se trouvait sur le territoire d'un Etat partie à la convention signée à Schengen le 19 juin 1990 autre que la France.
> Sera puni des mêmes peines celui qui aura facilité ou tenté de faciliter l'entrée, la circulation ou le séjour irréguliers d'un étranger sur le territoire d'un autre Etat partie à la convention signée à Schengen le 19 juin 1990.
> Sera puni de mêmes peines celui qui aura facilité ou tenté de faciliter l'entrée, la circulation ou le séjour irréguliers d'un étranger sur le territoire d'un Etat partie au protocole contre le trafic illicite de migrants par terre, air et mer, additionnel à la convention des Nations unies contre la criminalité transnationale organisée, signée à Palerme le 12 décembre 2000.

---

[31] DONINI, Massimo. Op. cit., 2009, p. 61.

[32] Refere Donini (2009, p. 61), a esse respeito, que, "para ser más precisos, más que formas de *'biopolítica'*, las hipótesis que se estudian lo son de *'geopolítica'*, dado que la discriminación no depende de datos corpóreos, sino de la proveniencia geográfica de extracomunitaria de estos *aliens* geopolíticos".

Les dispositions du précédent alinéa sont applicables en France à compter de la date de publication au Journal officiel de la République française de ce protocole.[33]

No mesmo sentido, o art. 318 bis do Código Penal espanhol, após redação conferida pela Lei Orgânica 11/2003, comina uma pena de quatro a oito anos de prisão a quem "directa o indirectamente, promueva, favorezca o facilite el tráfico ilegal o la inmigración clandestina de personas desde, en tránsito o con destino a España, o con destino a otro país de la Unión Europea". Em comentário ao referido tipo legal, Martínez Escamilla[34] refere que se trata de um claro exemplo de expansão do Direito Penal, uma vez que o legislador, dentre todas as condutas de favorecimento que poderia ter optado criminalizar pela sua gravidade – como, por exemplo, a concorrência de ânimo de lucro, a atuação no marco de uma organização delitiva, etc – levou a cabo uma regulação onicompreensiva, o mais ampla possível, com a finalidade de criminalizar, nos termos do dispositivo sob análise, qualquer comportamento relacionado com a imigração irregular que de alguma forma, "direta ou indiretamente", a favoreça.

Assim, na ótica da referida autora (2007; 2008), o bem jurídico tutelado pelo tipo penal em comento não é a dignidade ou os direitos dos cidadãos estrangeiros, uma vez que o Direito Penal, nesse caso, não é chamado a protegê--los, mas sim a defender a sociedade "deles", ou seja, daqueles imigrantes que não se pode ou não se quer aceitar. Exsurge daí a razão principal da existência do tipo legal: ser um coadjuvante no controle da imigração irregular.

---

[33] Disponível em: < http://www.legifrance.gouv.fr/affichCode.do;jsessionid =1AC7AE3B2EADB8C2DBBF3FB24778E324.tpdjo14v_1?idSectionTA=LEGISC TA000006147789&cidTexte=LEGITEXT000006070158&dateTexte=20080505>. Acesso em: 26 ago. 2010.

[34] MARTÍNEZ ESCAMILLA, Margarita. *La inmigración como delito*. Un análisis político-criminal, dogmático y constitucional del tipo básico del art. 318 bis CP. Barcelona: Atelier, 2007.

Além disso, cumpre ressaltar que, ainda que os referidos dispositivos, que tratam dos chamados "delitos de solidariedade", não castiguem com penas o imigrante, mas sim as pessoas que com ele se solidarizam, ajudando--o a promover seu projeto migratório, isso acarreta consequências perniciosas para os imigrantes, do ponto de vista dos direitos humanos, sendo bastante ilustrativo o seguinte relato feito no informe "Derechos Humanos en la Frontera Sur", relativo ao ano de 2007, elaborado pela Associação Pró-Direitos Humanos da Andaluzia:

> En mayo de 2007, veintisiete migrantes permanecieron durante más de veinticuatro horas desesperadamente agarrados a jaulas de atún de 35 cm. de largo tiradas, en pleno Mediterráneo, por un remolcador maltés cuyo capitán se negaba obstinadamente a detenerse para tomarlos a su bordo, o incluso a escoltarlos hasta la costa. Ya que ayudar a los náufragos conduciéndolos al puerto significa, para los salvadores, varios días de inmovilización de su barco, cuando no son perseguidos, además, "por haber facilitado la inmigración ilegal", como pasó en el mes de agosto de 2007 con siete pescadores tunecinos, mandados a prisión en Sicilia después de haber salvado del ahogamiento a cuarenta y cuatro personas. El delito de ayuda a la entrada y a la residencia ilegal de extranjeros, que permite llevar a juicio no solo a aquellos que se designa como "pasadores de fronteras" porque hacen pagar sus servicios, sino a cualquiera que lleva asistencia a un inmigrante desprovisto de papeles, está por otra parte generalizándose tanto en las legislaciones europeas como en los países de tránsito. Es bajo este fundamento que, en Francia, militantes asociativos de la región de Calais fueron inculpados porque procedían a la distribución de comida o albergaban exiliados. En Marruecos, es porque la amenaza de actuaciones judiciales pesa como una espada de Damocles, que numerosos subsaharianos se ven privados de transporte público: por temor a ser inculpados en aplicación de la ley 02-03 relativa a la entrada y a la estancia de los extranjeros por haber tomado a su bordo a extranjeros en situación irregular, no es raro que los conductores de autocar se nieguen a subir a Africanos.[35]

Para além dos tipos penais voltados expressamente à questão da imigração, existem também aqueles delitos

---

[35] *Apud* MARTÍNEZ ESCAMILLA. Op. cit., 2009, p. 10.

que, ainda que não façam referência direta aos imigrantes e/ou às pessoas que são com eles solidárias, buscam, reflexamente, atingi-los. Um exemplo típico, no Direito Penal espanhol, é a criminalização da atividade dos "manteros" ou "top manta" –, como são chamados, na Espanha, os vendedores ambulantes de reproduções ilícitas de CD´s, DVD´s ou produtos similares (que expõem suas mercadorias sobre mantas nas ruas).

Com efeito, os imigrantes ilegais, como refere Matínez Escamilla,[36] são o exemplo mais evidente de exclusão do indivíduo operada pelas normas: "sin papeles, sin derechos, si ni siquiera posibilidad de ganarse un sustento". Restam poucas opções a estas pessoas, uma vez que são proibidas de trabalhar e que é proibido dar-lhes emprego. A atividade de "mantero", nesse caso, aparece como uma das poucas alternativas que lhes restam.

No entanto, o art. 270 do Código Penal espanhol, tipifica como crime sujeito a pena de prisão de seis meses a dois anos e multa de doze a vinte e quatro meses, a atividade de quem, com ânimo lucrativo e em prejuízo de terceiro, reproduza, plageie, distribua ou comunique publicamente, no todo ou em parte, uma obra literária, artística, ou sua transformação, interpretação ou execução artística fixada em qualquer tipo de suporte ou comunicada através de qualquer meio, sem a autorização dos titulares dos correspondentes direitos de propriedade intelectual ou seus cessionários. Ou seja, "el Código penal, en cuanto castiga la distribución con ánimo de lucro de una obra artística sin el consentimiento del titular o cesionario de los derechos, está tipificando y castigando con penas de multa y prisión de seis meses a dos años la conducta de los manteros", fazendo, assim, com que o imigrante veja-se preso nas redes do Direito punitivo "en

---

[36] MARTÍNEZ ESCAMILLA. Op. cit., 2009, p. 14.

primer lugar por inmigrante y por irregular, pero también por pobre y por excluido social".[37]

As consequências para os imigrantes cuja conduta é subsumida no disposto no art. 270 do Código Penal espanhol são nefastas. Primeiramente, porque as penas de prisão e de multa não são alternativas, mas cumulativas. Assim, a segunda, invariavelmente, converte-se em responsabilidade pessoal subsidiária, considerando-se que a maioria dos imigrantes são insolventes e não dispõem de condições financeiras para o pagamento da sanção pecuniária. Incide, assim, a regra do art. 53 do Código Penal espanhol, que prevê a substituição da pena, na proporção de um dia de prisão para cada dois dias de multa. Logo, uma vez imposta a um "mantero" uma pena mínima de multa, qual seja, doze meses, a sua insolvência determinará a conversão desta multa em seis meses de prisão (180 dias).[38]

Além disso, em muitos casos a pena privativa de liberdade é substituída pela expulsão – por força do disposto no art. 89 do Código Penal da Espanha –, fazendo com que o "mantero" seja forçado a sair do território espanhol. Com isso,

> una circusntancia ajena al Derecho penal, cual es la situación administrativa de irregularidad, que nada tiene que ver con la gravedad del hecho ni con la responsabilidad del autor, va a determinar que se excepcione y se modifique la respuesta que con carácter general el Código penal ofrece frente a delitos como los cometidos. Nos hallamos de nuevo ante una respuesta de excepción. En vez del cumplimiento de la pena impuesta o la posible aplicación del régimen general de la suspensión o sustitución de la pena (arts. 80 y ss. Y 88), el Código penal preceptúa la expulsión del extranjero irregular condenado a penas de prisión de menos de seis años, expulsión que no necesita ser motivada, ni requiere la audiencia del afectado. Tan solo excepcionalmente el juez puede anteponer la opción del cumplimiento a la

---

[37] MARTÍNEZ ESCAMILLA. Op. cit., 2009, p. 14-15.
[38] Ibidem.

expulsión, exigiéndose en este caso la motivación de la decisión y la audiencia previa del Fiscal.[39]

Do até aqui exposto, pode-se afirmar, de acordo com Llinares,[40] que a relação entre Direito Penal e imigração passou de uma relação de "ignorância" para uma relação de "excesso". Diante deste quadro, perquirir o porquê da atual "concentração de forças" do Direito Penal no "combate" à imigração irregular, promovendo um retrocesso rumo a um modelo de Direito Penal de autor, no bojo do qual a pessoa é punida pelo que é e não em virtude daquilo que fez, assume especial relevância. É com o que se preocupa o tópico a seguir.

3. O imigrante ilegal: parasita ou terrorista

Como salienta Bauman,[41] a era moderna pode ser considerada como a era das grandes migrações, na qual "massas populacionais até agora não calculadas, e talvez incalculáveis, moveram-se pelo planeta, deixando seus países nativos, que não ofereciam condições de sobrevivência, por terras estrangeiras que lhes prometiam melhor sorte".

A lógica das trajetórias perseguidas pelos imigrantes dependia, então, "das pressões dos 'pontos quentes' da modernização", mas é possível afirmar que, com certa regularidade, "os imigrantes vagaram das partes 'mais desenvolvidas' (mais intensamente modernizantes) do planeta para as 'subdesenvolvidas' (ainda não atiradas

---

[39] MARTÍNEZ ESCAMILLA. Op. cit., 2009, p. 20.
[40] LLINARES, Fernando Miró. Op. cit., 2008.
[41] BAUMAN, Zygmunt. *Vidas desperdiçadas*. Rio de Janeiro: Jorge Zahar, 2005, p. 50.

para fora da balança socioeconômica sob o impacto da modernização)".[42] Isso significa dizer que essas pessoas que saíram das partes mais desenvolvidas para as partes subdesenvolvidas do globo o fizeram em função da sua incapacidade de obtenção ou manutenção de um emprego compensador ou mesmo da impossibilidade de herdar um determinado status social em seus países de origem. Considerando, diante desse quadro, que os países nos quais esse "excedente" populacional "desfuncional" se acumulava eram os países que detinham superioridade tecnológica e militar em relação àqueles que ainda não estavam sofrendo os processos modernizantes, a estratégia buscada foi justamente transformar as áreas subdesenvolvidas em áreas "vazias" – notadamente por meio do extermínio massivo dos povos autóctones[43] – que pudessem "acondicionar" esses excedentes.

Em outras palavras, o processo de extermínio massivo de aborígenes tinha a finalidade de preparar os lugares por eles habitados para desempenhar o papel de "depósitos" do "refugo humano" que o progresso econômico produzia na Europa, em quantidades crescentes.[44]

O fato é que, hoje, com a "vitória da modernidade", quando o mundo celebra o triunfo do moderno estilo de vida, baseado no "livre mercado, economia e consumo livres – e MacDonald's para todos", "não se produz gente supérflua apenas na Europa, para depois descarregá-la no

---

[42] BAUMAN, Zygmunt. *Vidas desperdiçadas*. Rio de Janeiro: Jorge Zahar, 2005, p. 50.
[43] De acordo com Bauman (2005, p. 51), "segundo estimativas incompletas, cerca de 30 a 50 milhões de nativos de terras 'pré-modernas', perto de 80% de sua população total, foram aniquilados entre a época da chegada e estabelecimento dos primeiros soldados e comerciantes europeus e o início do século XX, quando seus números atingiram o número mais baixo. Muitos foram assassinados, outros pereceram de doenças importadas, e o restante morreu depois de perder os meios que durante séculos sustentaram as vidas de seus ancestrais".
[44] BAUMAN, Zygmunt. Op. cit., 2005, p. 51.

resto do mundo", mas a superfluidade humana é produzida em toda parte, visto que o modelo produtivo moderno se afirma em praticamente todos os países.[45]

Com isso, verifica-se um movimento de "retorno", ou seja, os descendentes das pessoas que outrora foram "despejadas" nos depósitos de refugo humano constituídos pelos países subdesenvolvidos hoje deixam suas cidades superpovoadas na direção oposta, buscando, nas grandes cidades dos países europeus, a mesma coisa que seus progenitores buscavam ao emigrarem.

E esses países de destino deparam-se, então, na contemporaneidade, com o dilema de encontrar um jeito de "alojar" os imigrantes, administrando seus interesses com os interesses das suas superpopulações, afinal, estão repletos de gente supérflua também e já não podem mais mandá-las para outros lugares, pelo simples fato de que "o planeta está cheio, não há mais espaços vazios, e portanto nossos supérfluos[46] ainda estão entre nós".[47]

Neste contexto, a característica das migrações contemporâneas que mais inquieta e suscita o interesse por esta pesquisa reside "en la respuesta que los actores institucionales están dando a este fenómeno, respuesta que se

---

[45] BAUMAN, Zygmunt. *Confiança e medo na cidade*. Rio de Janeiro: Jorge Zahar, 2009, p. 81.

[46] Na ótica de Bauman (2005, p. 53), "a 'população excedente' é mais uma variedade de refugo humano. Ao contrário dos *homini sacri*, das 'vidas indignas de serem vividas', das vítimas dos projetos de construção da ordem, seus membros não são 'alvos legítimos' excluídos da proteção da lei por ordem do soberano. São, em vez disso, 'baixas colaterais', não intencionais e não planejadas, do progresso econômico. No curso do progresso econômico (a principal linha de montagem/desmontagem da modernização), as formas existentes de 'ganhar a vida' são sucessivamente desmanteladas e partidas em componentes destinados a serem remontados ('reciclados') em novas formas. Nesse processo, alguns componentes são danificados a tal ponto que não podem ser consertados, enquanto, dos que sobrevivem à fase de desmonte, somente uma quantidade reduzida é necessária para compor os novos mecanismos de trabalho, em geral mais dinâmicos e menos robustos".

[47] BAUMAN, Zygmunt. Op. cit., 2009, p. 82.

sitúa en las antípodas del aperturismo de los momentos históricos apuntados".[48] Com efeito, os áliens geopolíticos contemporâneos transformam-se, invariavelmente, em uma ameaça, sendo construídos como "sujeitos de risco". Isso decorre do fato de que a condição de "estrangeiro", por si só, conforme aduz Arnaiz (1998), traduz a ideia de uma pessoa que está ocupando ou usurpando um posto ou lugar que não lhe corresponde,[49] razão pela qual, na contemporaneidade, os imigrantes são vistos como "parasitas" de um *Welfare State* cada vez mais cauíla no cumprimento de seu desiderato.

Isso conduz a uma situação paradoxal: "quanto mais persistem – num determinado lugar – as proteções 'do berço ao túmulo', hoje ameaçadas em toda parte pela sensação compartilhada de um perigo iminente, mais parecem atraentes as válvulas de escape xenófobas", o que decorre do fato de que os poucos países "que relutam em abandonar as proteções institucionais transmitidas pela modernidade sólida [...] veem-se como fortalezas assediadas por forças inimigas", considerando "os resquícios de Estado social um privilégio que é preciso defender com unhas e dentes de invasores que pretendem saqueá-los". Em função disso, "a xenofobia – a suspeita crescente de um complô estrangeiro e o sentimento de rancor pelos 'estranhos' – pode ser entendida como um reflexo perverso da tentativa desesperada de salvar o que resta da solidariedade local".[50]

---

[48] MARTÍNEZ ESCAMILLA. Op. cit., 2008, p. 2.

[49] Arnaiz (1998, p. 121) destaca que "en términos filosóficos, puede decirse con razón que la figura del extranjero es uno de los referentes de lo extraño o, si se quiere, de la radical extrañeza manifestada em la falta de un suelo (territorio) desde el que identifícarse y en la dificultad de una lengua en la que decirse y ser reconocido. Así, no es de extrañar la generación de toda una gama de sentimientos y posturas que van desde el rechazo pasando por el distanciamiento hasta, talvez, llegar en el mejor de los casos a la compasión".

[50] BAUMAN, Zygmunt. Op. cit., 2009, p. 20-21.

E, uma vez que o Estado, embora não tendo ainda eliminado, mas reduzido grandemente a sua interferência na mitigação da insegurança coletiva produzida pelo mercado, volta-se cada vez mais para "outras variedades, não-econômicas, de vulnerabilidade e incerteza em que possa basear sua legitimidade", a questão da segurança pessoal – "ameaças e perigos aos corpos humanos, propriedades e hábitos provenientes de atividades criminosas, a conduta anti-social da 'subclasse' e, mais recentemente, o terrorismo global" – assume o centro das preocupações.[51]

Parte-se, então, para uma utilização política do capital "medo", aproveitando-se do fato de que o processo da globalização e a consequente sociedade de risco que se configura na contemporaneidade propiciam o surgimento de um sentimento generalizado de insegurança diante da imprevisibilidade das relações sociais. Como assevera Beck,[52] os riscos da contemporaneidade são "riscos da modernização", que se diferenciam dos riscos e perigos da Idade Média justamente pela globalidade de sua ameaça e por serem produto da maquinaria do progresso industrial. Ademais, é intrínseco a esses "novos riscos" um componente *futuro*, ou seja, relacionado com uma previsão de uma destruição/catástrofe que ainda não ocorreu, mas que se revela iminente.

Resultado dessas incertezas é que nunca se teve tanto medo e nunca o medo assumiu uma dimensão tão ubíqua. Os medos de hoje

podem vazar de qualquer canto ou fresta de nossos lares e de nosso planeta. Das ruas escuras ou das telas luminosas dos televisores. De nossos quartos e de nossas cozinhas. De nossos locais de trabalho e do metrô que tomamos para ir e voltar. De pessoas que encontramos e de pessoas que não conseguimos perceber. De algo que ingerimos

---
[51] BAUMAN, Zygmunt. Op. cit., 2005, p. 68.
[52] BECK, Ulrich. *La sociedad del riesgo:* hacia una nova modernidad. Trad. Jorge Navarro, Dabiel Jiménez e Maria Rosa Borrás. Barcelona: Paidós, 1998.

e de algo com o qual nossos corpos entraram em contato. Do que chamamos "natureza" (pronta, como dificilmente antes em nossa memória, a devastar nossos lares e empregos e ameaçando destruir nossos corpos com a proliferação de terremotos, inundações, furacões, deslizamentos, secas e ondas de calor) ou de outras pessoas (prontas, como dificilmente antes em nossa memória, a devastar nossos lares e empregos e ameaçando destruir nossos corpos com a súbita abundância de atrocidades terroristas, crimes violentos, agressões sexuais, comida envenenada, água ou ar poluídos).[53]

O catálogo dos medos, ressalta Bauman,[54] (está longe de se esgotar: "novos perigos são descobertos e anunciados quase diariamente, e não há como saber quantos mais, e de que tipo, conseguiram escapar à nossa atenção (e à dos peritos!) – preparando-se para atacar sem aviso". É por isso que, no ambiente líquido-moderno, a vida transformou-se em uma constante luta contra o medo, companhia indissociável dos seres humanos, que passam a conviver com aquilo a que o referido autor (2008) denomina "síndrome do Titanic", ou seja, um temor desmedido de um colapso ou catástrofe capaz de pegar todos despreparados e indefesos e os atingir de forma indiscriminada.

Neste contexto, considerando-se que "a vulnerabilidade e a incerteza humana são as principais razões de ser de todo poder político", bem como que "todo poder político deve cuidar da renovação regular de suas credenciais",[55] verifica-se que o "combate à imigração irregular" tornou-se um forte lema de campanha, visto que o imigrante representa o estereótipo ideal da "fonte inesgotável de riscos", em especial no já referido ambiente de "guerra global" contemporâneo.

---

[53] BAUMAN, Zygmunt. Op. cit., 2008, p. 11.
[54] Idem, p. 12.
[55] Idem, p. 66.

Como destaca Llinares,[56] o fato de vivermos em uma sociedade de risco na qual a sensação de insegurança é cada vez maior não influi nos caracteres do fenômeno migratório, mas faz com que as fontes dessa insegurança sejam centrados em determinados focos, em âmbitos concretos ou em grupos que, independentemente do fato de serem precursores de mais delinquência ou não, são temidos pela sociedade, sendo que na atualidade, "tanto a nivel popular, como en los médios de comunicación, es frecuente considerar que el crecimiento de la delincuencia es um fenómeno debido en gran parte al aumento de la inmigración".

Objeta-se, no entanto, o porquê da criação da atmosfera de alarme em torno da questão da imigração irregular e da utilização do Direito Penal como ferramenta imprescindível para o seu combate. Nesse sentido, duas razões principais, já referidas *supra*, podem ser desenvolvidas.

Em primeiro lugar, porque o "inimigo" representando pelo terrorista, por meio de equiparações conceituais equivocadas, faz com que recaia sobre todo e qualquer imigrante uma "fundada suspeita" de uma "potencialidade terrorista". Em segundo lugar, porque o imigrante também é visto como um "parasita" de um modelo de Estado – qual seja, o de bem-estar social – que cada vez mais se esvai.

No que diz respeito ao primeiro motivo, cumpre salientar a influência do discurso jurídico-penal gestado no bojo do que se tem denominado "paradigma da segurança cidadã", que parte do pressuposto de que a criminalidade dos socialmente excluídos constitui a "dimensão não tecnológica da sociedade de risco", a justificar, por exemplo, a antecipação da tutela penal tanto pela necessidade de responder com estruturas de perigo às novas formas de criminalidade como pela urgência de atuar contra a de-

---

[56] LLINARES, Fernando Miró. Op. cit., 2008, p. 7.

sintegração social e a delinquência de rua originada pelos socialmente marginalizados.[57]

Quer dizer, paralelamente às preocupações político-criminais com a megacriminalidade característica da sociedade de risco que são objeto de análise no bojo da teorização do Direito Penal do Inimigo, o fato de o fenômeno expansivo do Direito Penal nesse setor coincidir com o processo de desmantelamento do Estado Social redunda no ressurgimento, sob influência dos movimentos de Lei e Ordem, do repressivismo e do punitivismo como formas por excelência de se combater a criminalidade dita "tradicional".

E, como destaca Zaffaroni,[58] embora os "novos inimigos" da sociedade de risco sejam perigosos, não se pode, por meio do Direito Penal para eles especialmente criado, legitimar a repressão sobre os pequenos delinquentes comuns, quais sejam, os *dissidentes internos* ou os *indesejáveis* em uma determinada ordem social. Com isso, pretende-se justificar um controle maior sobre toda a população tendo por escopo prevenir a infiltração dos *terroristas*, reforçando-se, assim, o controle exercido principalmente sobre a clientela tradicional do sistema punitivo.

O modelo da segurança cidadã "vampiriza" – na expressão de Díez Ripollés – o debate penal surgido no bojo da sociedade de risco. Para o referido autor,

> las vías de acceso del discurso de la seguridad ciudadana al discurso de la sociedad del riesgo vienen constituidas en su mayor parte por una serie de equiparaciones concepctuales que, basándose en la equivocidad de ciertos términos, tratan como realidades idénticas unas que presentan caracteres muy distintos e incluso contrapuestos.

---

[57] DÍEZ RIPOLLÉS, José Luis. *La política criminal en la encrucijada*. Buenos Aires: B de F, 2007.
[58] ZAFFARONI, Eugenio Raúl. *O inimigo no direito penal*. Trad. Sérgio Lamarão. Rio de Janeiro: Revan, 2007.

En resumidas cuentas, se da lugar a que el discurso de ley y orden parasite conceptos elaborados en otro contexto.[59]

Ou seja, "se establece una ecuación de igualdad entre el sentimiento de inseguridad ante los nuevos riesgos masivos que desencadena el progreso tecnológico, y el *sentimiento de inseguridad callejera* ligado al miedo a sufrir un delito en el desempeño de las actividades cotidianas".[60]

Assim, a par do Direito Penal criado para a prevenção dos "novos riscos" da sociedade contemporânea, desenvolve-se um crescente interesse por aspectos microssecuritários como as inseguranças relacionadas à "pequena delinquência", que passa a fazer parte do catálogo dos medos dos cidadãos, em função da sua proximidade para com eles. E considerando-se que o risco e o medo do delito, uma vez surgidos, tendem a proliferar – por meio, principalmente, da influência da mídia de massa –, "de modo retroalimentativo, se generan nuevas demandas securitarias, el anhelo de un mundo 'normativamente acolchado', donde los productos normativos se construyen en la lógica de la seguridad, aun a costa de otros valores políticos fundamentales, como la libertad".[61]

Por outro lado, em relação ao "parasitismo social", deve-se atentar para o fato de que o modelo de gestão da imigração nos países centrais europeus é inspirado fundamentalmente e de forma reconhecida em interesses econômicos. Como salienta Martínez Escamilla,[62]

se admite a quien consideramos que puede ser útil para nuestra economía, una economía que há pasado de prospera a maltrecha. La inmigración que desde esta perspectiva económica no podemos o no queremos asumir, se concibe como una amenaza, como una – por definición indeseada – invasión. A partir de esa percepción, la polí-

---

[59] ZAFFARONI, Eugenio Raúl. *O inimigo no direito penal*. Trad. Sérgio Lamarão. Rio de Janeiro: Revan, 2007, p. 149.

[60] Idem, p. 149-150.

[61] PÉREZ CEPEDA. Op. cit., 2007, p. 49-50

[62] MARTÍNEZ ESCAMILLA. Op. cit., 2009, p. 5.

tica migratoria se concentra en el rechazo, poniéndose al acento en control de fronteras y en la persecución y hostigamiento de quienes consiguen esquivarlas, en el refuerzo de los instrumentos jurídicos y de los medios materiales para afrontar lo que se há denominado "lucha" contra la inmigración irregular.

Isso significa dizer que as mudanças econômicas drásticas pelas quais têm passado as economias europeias torna boa parte dos imigrantes inúteis,[63] visto que "muchos han pasado a engrosar las listas del paro, dejan de cotizar y ya no parecen cuadrar las cuentas que antes nos permitían afirmar que la inmigración aporta mucho más en términos económicos que el gasto público que pudiera generar".[64] [65]

Nesse rumo, Barge refere a existência de duas espécies de imigração, quais sejam, a "boa" e a "má":

> existe una buena inmigración, los países de la Unión deben poder beneficiarse de ella, esta inmigración "elegida" debe responder a las necesidades económicas de Europa y no tiene vocación a ser permanente; existe una mala inmigración, esta inmigración "sufrida", no corresponde a las necesidades de la Unión Europea, es portadora de inseguridade y criminalidad, debe ser combatida. De ahí la obsesión de limitar la inmigración en dirección de Europa, al tiempo de querer atraer una inmigración de la que se tendría necesidad.[66]

---

[63] De acordo com Czarnowski (apud Bauman, 2005, p. 54-55), "a 'sociedade organizada' trata-os como 'parasitas e intrusos, acusa-os, na melhor das hipóteses, de simulação e indolência, e, frequentemente, de toda espécie de iniqüidades, como tramar, trapacear, viver à beira da criminalidade, mas sempre de se alimentarem parasitariamente do corpo social'".

[64] MARTÍNEZ ESCAMILLA. Op. cit., 2009, p. 8.

[65] Em relação ao já analisado art. 318 bis do Código Penal Espanhol, Martínez Escamilla (2008, p. 6) conclui que os interesses que o referido tipo penal protege são "los mismos que se pretenden salvaguardar con la actual política migratoria, pudiendo entenderse que el bien jurídico estaría conformado por aquellas condiciones de nuestra estructura socioeconómica a que se verían deterioradas por un incremento de la presión migratoria".

[66] BARGE, Pierre. Las políticas de inmigración y asilo de la Unión Europea: políticas sin salida. In. APDHA – *Derechos Humanos en la Frontera Sur 2008*. 2008, p. 7.

Essa "boa imigração" – lembra Beck[67] – deve-se ao fato de que os imigrantes sujeitam-se à realização de trabalhos que, no geral, ninguém, nos países de destino, quer assumir. Além disso, a "boa imigração" também abrange os "sem papéis", visto que, em relação a eles, a exploração laboral é ainda maior em virtude do fato de que têm de trabalhar às escondidas, ganhando, em troca, uma pequena quantidade de dinheiro. Assim, esses indivíduos acabam se tornando objeto de chantagem e exploração e é isso que, na ótica do referido autor, encontra-se por detrás dos "sem papéis": ao passo que não possuem nenhum tipo de direito, suas atividades e prestações são funcionalmente indispensáveis, não só para a sobrevivência deles próprios e de suas famílias, que vivem no outro lado da fronteira, mas também "ante todo, para la supervivencia de las sociedades del bienestar occidentales y de los países emergentes". Diante dessa constatação, Beck refere que "nos engañamos a nosotros mismos con la categoría de *ilegales*: no podemos olvidar que la criminalización de estas personas oculta el hecho de que no podemos renunciar a sus prestacionaes funcionales".

É justamente em razão disso que Brandariz García[68] destaca o fato de que o regime sancionador previsto para os imigrantes – em especial no que se refere à realidade espanhola – resulta de uma simbiose entre as racionalidades de "exclusão seletiva" e de "inclusão subordinada". Exclusão seletiva porque as regras relativas à expulsão dos imigrantes irregulares – notadamente no que se refere à norma plasmada no já referido art. 89 do Código Penal da Espanha – nem sempre são efetivamente levadas a

---

[67] BECK, Ulrich. ¿Qué hay detrás de los 'sin papeles'? In. *El País*. 04 jan. 2010.

[68] BRANDARIZ GARCÍA, José Ángel. Funcionalidad de la construcción de los migrantes como sujetos de riesgo en el sistema penal español. Derecho Penal del Enemigo, gestión de la exclusión e inclusión subordinada. *Jura Gentium – Revista de filosofía del derecho internacional y de la política global*, 2009. Disponível em: <http://www.juragentium.unifi.it/es/surveys/migrant/brandari.htm>. Acesso em: 25 jul. 2010.

cabo, em razão da falta de vontade política de que se leve toda possibilidade de expulsão às últimas consequências, o que "generaría el riesgo de bloquear, o de reducir drásticamente, unos flujos migratorios que, con independencia de su irregularidad, cumplen funciones de extraordinaria relevancia, incluso imprescindibles, para el sistema social y económico español".

Diante desse quadro, é que entra em cena a inclusão subordinada, ou seja, uma racionalidade voltada à facilitação do "empleo masivo de fuerza de trabajo migrante en condiciones de suma flexibilidad y explotación, de acuerdo con las necesidades de un sistema productivo crecientemente postfordista". Isso significa dizer que "a los migrantes se aplica la vertiente más severa del nuevo régimen de *workfare*, en el que se afirman segmentaciones del mercado de trabajo en clave étnica, en la medida en que las actividades de valor añadido alto o medio tienden a ser reservadas para la fuerza de trabajo autóctona".[69]

A partir da análise do que foi até o momento exposto, permite-se inferir que a utilização do Direito Penal no combate à imigração irregular na União Europeia deve-se ao fato de que

> o novo medo dos terroristas foi misturado e cimentado com o ódio aos "parasitas", sentimento bem entrincheirado, mas que precisa de constante alimento, matando dois coelhos com uma só cajadada e dotando a atual cruzada contra os "parasitas da previdência" de uma nova e invencível arma de intimidação de massa. Enquanto a incerteza econômica não é mais preocupação de um Estado que preferiria deixar para seus súditos individuais a busca individual de remédios individuais para a insegurança existencial individual, o novo tipo de temor coletivo oficialmente inspirado e estimulado foi colocado a serviço da fórmula política. As preocupações dos cidadãos com seu bem-estar foram removidas do traiçoeiro terreno da *précarité* promovida pelo mercado, no qual os governos dos Estados não têm capacidade nem vontade de pisar, e levadas para uma área mais segura e muito mais

---

[69] BRANDARIZ GARCÍA, José Ángel. Op. cit., 2009.

telefotogênica, em que o poder aterrorizante e a resolução férrea dos governantes podem ser de fato apresentados à admiração pública.[70]

Mas, além desses fatores, cumpre salientar, por fim, que os imigrantes, a par da "potencialidade terrorista" e do "parasitismo social", "exalam o odor opressivo do depósito de lixo que, em seus muitos disfarces, assombra as noites das potenciais vítimas da vulnerabilidade crescente", ou seja, "encarnam – de modo visível, tangível, em carne e osso – o pressentimento inarticulado, mas pungente e doloroso" da condição de descartável daqueles que os perseguem e odeiam.[71]

A soma desses fatores permite falar, então, no surgimento de um ambiente social pautado pela "mixofobia", ou seja, pelo medo de misturar-se, ou, ainda, como um "impulso em direção a ilhas de identidade e de semelhança espalhadas no grande mar da variedade e da diferença".[72] Na ótica de Bauman, a mixofobia não passa de uma

> difusa e muito previsível reação à impressionante e exasperadora variedade de tipos humanos e de estilos de vida que se podem encontrar nas ruas das cidades contemporâneas e mesmo na mais "comum" (ou seja, não protegida por espaços vedados) das zonas residenciais. Uma vez que a multiforme e plurilingüística cultura do ambiente urbano na era da globalização se impõe – e, ao que tudo indica, tende a aumentar –, as tensões derivadas da "estrangeiridade" incômoda e desorientadora desse cenário acabarão, provavelmente, por favorecer as tendências segregacionistas.[73]

E é em razão dos três motivos apresentados e do correlato ambiente de mixofobia que geram que Bauman refere que "se não houvesse imigrantes batendo às portas, eles teriam de ser inventados", uma vez que "eles fornecem aos governos um 'outro desviante' ideal, um alvo

---

[70] BAUMAN, Zygmunt. Op. cit., 2005, p. 71.
[71] Idem, p. 73.
[72] BAUMAN, Zygmunt. Op. cit., 2009, p. 44.
[73] Idem, p. 43.

muito bem-vindo para 'temas de campanha selecionados com esmero'".[74]

Nesse ponto, deve-se ressaltar que a formação da opinião pública acerca dos medos, da insegurança e da necessidade de afastá-los por meio da intervenção do sistema punitivo, principalmente sob influência dos meios de comunicação de massa, deságua na pressão popular sobre os poderes públicos para que as reformas penais necessárias para fazer frente à "cada vez mais aterradora criminalidade" sejam efetivamente levadas a cabo.

Com isso, os poderes públicos, "conocedores de los significativos efectos socializadores y, sobre todo, sociopolíticos que la admisión de tales demandas conlleva, no sólo se muestran proclives a atenderlas sino que con frecuencia las fomentan".[75] O Estado, assim, ao invés de introduzir elementos de racionalidade nas demandas por mais segurança, alimenta-as em termos populistas,[76] dado que "la legitimidad del poder público exige que la promesa de la seguridad crezca con los riesgos, y sea ratificada ante la opinión pública".[77]

Por conseguinte, "os políticos – presos na essência competitiva de sua atividade – deixam de buscar o *melhor* para preocupar-se apenas com *o que pode ser transmitido de melhor* e aumentar sua clientela eleitoral".[78] Isso porque o político que pretender confrontar o discurso majoritário acerca da criminalidade é logo desqualificado e marginalizado dentro de seu próprio partido, razão pela

---

[74] BAUMAN, Zygmunt. Op. cit., 2005, p. 73.
[75] DÍEZ RIPOLLÉS, El Derecho Penal simbólico y los efectos de la pena. *Boletín Mexicano de Derecho Comparado*. Disponível em <http://www.juridicas.unam.mx/publica/librev/rev/boletin/cont/103/art/art3.pdf>. Acesso em: 23.abr.2008, p. 66
[76] SILVA SÁNCHEZ, Jesús-Maria. *La expansión del Derecho penal:* aspectos de la política criminal en las sociedades postindustriales. Madrid: Cuadernos Civitas, 1999.
[77] PÉREZ CEPEDA. Op. cit., 2007, p. 51.
[78] ZAFFARONI, Eugenio Raúl. Op. cit., 2007, p. 77.

qual acaba por assumi-lo, seja por cálculo eleitoreiro, seja por oportunismo ou até mesmo por medo. Diante da imposição do discurso midiático, os políticos "devem optar entre aderir à publicidade da repressão e ficar na moda (tornar-se *cool*) ou ser afastados pelos competidores internos de seus próprios partidos, que aproveitariam o flanco débil de quem se mostra *antiquado* e *impopular*, ou seja, não *cool*".[79]

Assim, as medidas buscadas pelos atores políticos devem ser penalogicamente críveis e ao mesmo tempo manter a credibilidade política e o apoio popular. Nesse sentido, as respostas ao crime que possam ser tidas como veementes, inteligentes e efetivas ou expressivas são as mais atraentes, ao passo que as que possam ser interpretadas como retração, reconhecimento do fracasso ou dissociadas do sentimento público são consideradas inconvenientes. Ou seja, o problema é mais de retórica política e aparência do que de efetividade prática.[80]

Nesse contexto, o Direito Penal assume, como ressalta Albrecht,[81] um caráter de "arma política",[82] apresentando-se como um instrumento de comunicação, uma vez que ele permite transladar os problemas e conflitos sociais a um tipo de análise específica que se apoia na fun-

---

[79] ZAFFARONI, Eugenio Raúl. Op. cit., 2007, p. 78.

[80] GARLAND, David. *La cultura del control:* crimen y orden social en la sociedad contemporánea. Trad. Máximo Sozzo. Barcelona: Gedisa, 2005.

[81] ALBRECHT, Peter-Alexis. El derecho penal en la intervencíon de la política populista. *La insostenible situación del Derecho Penal.* Granada: Comares, 2000. p. 472.

[82] Como destaca Cueva (2002, p. 3), "ninguna parcela del Ordenamiento jurídico es más sensible a las variaciones ideológicas que el Derecho Penal. Como ya ha sido apuntado, la influencia de los cambios políticos en las leyes punitivas es evidente con una simple ojeada por fugaz que sea a las historia de los pueblos. El derecho de castigar expresa, en gran medida, la ideología y, en consecuencia, las convicciones o falta de convicciones jurídicas de una determinada sociedad. Como ha escrito Carbonell Mateu, el Derecho Penal se presenta como un instrumento al servicio de la política criminal y ésta es una parte de la política general del Estado, lo que convierte a aquél en un instrumento político".

ção analítica e categorial característica do discurso penal, dado que o cumprimento desta função não requer mais que a demonstração exemplar da atividade da prática legislativa e da justiça penal.

Por esse viés, Brandariz García[83] destaca que "las crescientes demandas públicas de seguridad se convierten en un valor público que puede ser fácilmente negociado mediante el siguiente intercambio: consenso electoral a cambio de simbólicas representaciones de seguridad". Chega-se, assim, ao

reino del proceder legislativo declarativo-formal, cuya pretensión fundamental es plasmar en la norma legal del modo más fiel y contundente posible el estado actual de las opiniones colectivas sobre una determinada realidad social conflictiva, y que está ayuno de cualquier consideración sobre la medida en que la norma en cuestión puede colaborar a la solución del problema.[84]

Entre as razões principais da utilização política do Direito Penal encontra-se o fato de que, por meio dele, o legislador adquire uma "boa imagem" em face da sociedade, na medida em que, a partir de decisões político-criminais irracionais atende às demandas sociais por segurança, obtendo, assim, reflexamente, um grande número de votos. Não obstante isso, a utilização do Direito Penal simbólico representa a alternativa mais "barata" na hora de articular soluções para problemas sociais, visto que as medidas e programas sociais sempre são mais custosos do ponto de vista financeiro.[85] Com isso, "el Estado reencuentra o, más bien, persigue la legitimación perdida

---

[83] BRANDARIZ GARCÍA, José Ángel. Itinerarios de evolución del sistema penal como mecanismo de control social em las sociedades contemporâneas. In. CABANA, P. F.; BRANDARIZ GARCÍA, J. A.; PUENTE ABA, L. M. (org.). *Nuevos retos del derecho penal en la era de la globalización*. Valencia: Tirant lo blanch, 2004. p. 37-38.
[84] DÍEZ RIPOLLÉS. Op. cit., 2002, p. 66.
[85] PÉREZ CEPEDA, Ana Isabel. Op. cit., 2007.

como consecuencia de su retirada de los territorios de lo econômico y de lo social".[86]

Vislumbra-se, assim, o surgimento de um certo "populismo punitivo" que, na lição de Callegari e Motta, "pode ser definido como aquela situação em que considerações eleitorais primam sobre as considerações de efetividade".[87] Para os referidos autores "o discurso político quase nunca reflete as medidas necessárias, embora aparentemente demonstre aos cidadãos certa tranqüilidade, que poderá advir das aprovações das medidas propostas".[88]

Com efeito, a população, acossada diante do medo e da insegurança frente à crescente imigração irregular, pugna por resultados rápidos e eficientes, e os partidos políticos, buscando dar respaldo a estes anseios, respondem cada vez mais debilitando as garantias atinentes à segurança jurídica, por meio de medidas legislativas.

Sobre o tema, Bauman[89] destaca que os poderes de Estado já não podem mais fazer quase nada para aplacar a incerteza que permeia as relações sociais na contemporaneidade, e "o máximo que podem fazer é mudar seu foco para objetos alcançáveis", quer dizer, "tirá-la dos objetos em relação aos quais nada podem fazer e colocá-la sobre aqueles que pelo menos lhes propiciam uma demonstração de sua capacidade de manejo e controle". E os "refugiados, pessoas em busca de asilo, imigrantes – os produtos rejeitados da globalização – se encaixam perfeitamente nesse papel".

---

[86] BRANDARIZ GARCÍA, José Ángel. Op. cit., 2004, p. 38.
[87] CALLEGARI, André Luís; MOTTA, Cristina Reindolff. Estado e política criminal: a expansão do Direito Penal como forma simbólica de controle social. In. CALLEGARI, André Luís (org). *Política Criminal, Estado e Democracia*. Rio de Janeiro: Lumen Juris, 2007. p. 17.
[88] Idem, p. 18-19.
[89] BAUMAN, Zygmunt. Op. cit., 2005, p. 84.

Ocorre que em um ambiente tal as funções do Direito Penal são pervertidas, e são oferecidas à opinião pública perspectivas de solução aos problemas que não correspondem com a realidade. Com isso, a *democracia* – lembra Baratta[90] – é substituída pela *tecnocracia*, ou seja, pela *comunicação* entre os políticos e o público. E quando isso ocorre, a política cada vez mais assume a forma de *espetáculo*, visto que as decisões e os programas de decisão não se orientam no sentido de uma transformação da realidade, mas sim no sentido de uma transformação da *imagem* desta realidade diante dos espectadores, ou seja, não busca satisfazer as necessidades reais e a vontade política dos cidadãos, mas sim seguir a corrente da opinião pública.[91]

Ora, a teorização do Direito Penal do Inimigo, no que diz respeito ao seu foco principal – o "inimigo" – tem demonstrado apenas fracasso. Com efeito, a persecução à megacriminalidade constitui a principal afronta à eficiência do Direito Penal. Que punição pode ser imposta, por exemplo, a um terrorista disposto a amarrar explosivos ao corpo?

O terrorista, na contemporaneidade, ao lado dos demais *inimigos* da sociedade, incorpora a figura do *monstro humano* de que fala Foucault,[92] uma vez que ele representa

---

[90] BARATTA, Alessandro. Funciones instrumentales y simbólicas del Derecho Penal: una discusión en la perspectiva de la criminología crítica. *Pena y Estado:* la función simbólica del derecho penal. Barcelona: PPU, 1991. p. 37-55.

[91] A esse respeito Baratta (1991, p. 54) destaca que "la crisis de la prevención, de la función instrumental de la justicia penal significa también el fenómeno por el cual, no es tanto esta última la que debe ser utilizada como instrumento para resolver determinados problemas y conflictos, sino más bien, son determinados problemas y conflictos, cuando ellos alcanza un cierto grado de interés y de alarma social en el público, los que se convierten en la oportunidad de una acción política dirigida, antes que a funciones instrumentales específicas, a una función simbólica general: la obtención del consenso buscado por los políticos en la llamada 'opinión pública'".

[92] FOUCAULT, Michel. *Os anormais:* curso no Collège de France (1974-1975). Trad. Eduardo Brandão. São Paulo: Martins Fontes, 2002.

a *infração*, ele *é* a infração, e a infração levada ao seu ponto máximo (infração em estado bruto). O problema está no fato de que, mesmo sendo a infração, ele não deflagra uma resposta da lei. O monstro, portanto, é uma infração que está automaticamente *fora* da lei. É por isso que, para Foucault, "o que faz a força e a capacidade de inquietação do monstro é que, ao mesmo tempo em que viola a lei, ele a deixa sem voz. Ele arma uma arapuca para a lei que está infringindo".[93]

No entanto, as equiparações conceituais equivocadas gestadas no bojo do paradigma da segurança cidadã, aliadas à incapacidade do Estado em perseguir a megacriminalidade, fazem com que elementos extraídos desse discurso sejam utilizados para a persecução a outras formas de criminalidade, mais "ao alcance" das mãos dos Estados. E os imigrantes, "em circulação pelo globo, em busca de subsistência e na tentativa de se estabelecer onde ela pode ser encontrada", acabam por se tornar "um alvo fácil para a descarga das ansiedades provocadas pelos temores generalizados de redundância social", razão pela qual acabam sendo "recrutadas para auxiliar os esforços governamentais dos Estados que pretendem reafirmar sua autoridade, reduzida e enfraquecida".[94]

Ou seja, "a maioria dos poderes políticos não tem capacidade nem disposição para se engajar na luta contra as forças criminosas que, com freqüência demasiada, controlam recursos que nenhum governo, sozinho e muitas vezes em conjunto, pode igualar".[95] Em função disso, "os governos preferem dirigir a animosidade popular contra os pequenos crimes a se engajar em batalhas que com toda probabilidade prosseguirão por um tempo intermi-

---
[93] FOUCAULT, Michel. Op. cit., 2002, p. 70.
[94] BAUMAN, Zygmunt. Op. cit., 2005, p. 81.
[95] Idem, p. 82.

nável e, decerto consumirão recursos incalculáveis, mas que tendem virtualmente a serem perdidas".[96]

Afinal, "com maior efeito e menores custos, os bairros de imigrantes, repletos de potenciais gatunos e batedores de carteira, podem ser usados como campos de batalha na grande guerra pela lei e a ordem que os governos travam com muito vigor e publicidade ainda maior".[97]

Nesse rumo, a legislação penal dos países centrais europeus voltada à questão da imigração irregular avança no sentido da conformação de um modelo de Direito penal que assume algumas características peculiares, objeto de análise a seguir.

4. Direito Penal x Imigração irregular na União Europeia: rumo à construção de um modelo de Direito Penal de autor

Conforme salientado no decorrer do presente trabalho, a legislação penal dos países centrais europeus, direcionada ao combate à imigração ilegal, permite afirmar que se assiste à construção de um modelo de Direito Penal de autor. Tal afirmação é possível a partir da análise de algumas características peculiares do referido modelo.

A primeira destas características refere-se ao crescente processo de *politização* do Direito Penal, a partir de uma concepção política da noção de segurança, o que representa uma simplificação do discurso político-criminal, que passa a oscilar ao sabor das demandas conjunturais midiáticas e populistas, em detrimento de programas sérios e efetivos de política criminal. Com isso, "una necesidad espasmódica de seguridad irrumpe desde los médios

---

[96] BAUMAN, Zygmunt. Op. cit., 2005, p. 81.
[97] Ibidem.

de comunicación masivos, exigiendo a lo 'penal' el desarollo de funciones irracionales apotropaicas: no de subsidiariedad, sino de *prima ratio*, según los recorridos del *horror vacui* punitivo y de tutela".[98]

Como segunda característica, pode-se falar na instrumentalização do Direito Penal no sentido de evitar que os riscos se convertam em situações concretas de perigo, ou seja, uma utilização do Direito Penal como instrumento preventivo em lugar de um Direito Penal que reacionava *a posteriori* contra um feito lesivo individualmente delimitado, tornando-se possível falar em uma gestão punitiva dos riscos em geral. Na lição de Pérez Cepeda,[99] configura-se uma legislação penal no pretérito imperfeito do subjuntivo, a partir da qual "los comportamientos que se van a tipificar no se consideran previamente como socialmente inadecuados, al contrario, se criminalizan para que sean considerados como socialmente desvalorados".

Donini,[100] a esse respeito, discorre a respeito da passagem de um "Estado de Direito" para um "Estado de prevenção", ou seja, um Estado que, por razões de segurança, pede aos cidadãos a renúncia aos direitos que possuem em face dele, "anticipando la intervención invasiva de los poderes públicos a todo nivel, y no solo en vista de particulares, circunscritas emergencias". Vislumbra-se, então, como demonstrado *supra*, uma crescente utilização, na elaboração legislativa, de estruturas típicas de mera atividade, ligadas aos delitos de perigo abstrato, em detrimento de estruturas que exigem um resultado material lesivo, como consequência da concepção do Direito Penal como instrumento de prevenção de riscos.

Por fim, pode-se falar no desapreço cada vez maior pelas formalidades e garantias penais e processuais pe-

---

[98] DONINI, Massimo. Op. cit., 2009, p. 68.
[99] PÉREZ CEPEDA, Ana Isabel. Op. cit., 2007, p. 313.
[100] DONINI, Massimo. Op. cit., 2009, p. 68.

nais características do Direito Penal liberal, que passam a ser consideradas como "obstáculos" à eficiência que se espera do sistema punitivo diante da insegurança que permeia as relações sociais na contemporaneidade, em especial no que se refere ao "medo dos estranhos", dos "parasitas". Como assevera Díez Ripollés,

> se admiten ciertas perdidas en el principio de seguridad jurídica derivadas de la menor precisión en la descripción de los comportamientos típicos y del uso frecuente de la técnica de las leyes penales en blanco; se hace una interpretación generosa de la lesividad real o potencial de ciertos comportamientos, como en la punición de determinadas tenencias o en el castigo de apologías; se considera razonable una cierta flexibilización de los requisitos de la causalidad o de la culpabilidad; se aproximan, hasta llegar a veces a neutralizarse, las diferencias entre autoría y participación, entre tentativa y consumación; se revaloriza el principio de disponibilidad del proceso, mediante la acreditación del principio de oportunidad procesal y de las conformidades entre las partes; la agilidad y celeridad del procedimiento son objetivos lo suficientemente importantes como para conducir a una sgnificativa reducción de las posibilidades de defesa del acusado... etc.[101]

Estas características permitem concluir que vivencia-se, no que se refere ao tratamento penal da imigração irregular na União Europeia, o abandono de um modelo de Direito Penal do fato e a aproximação a um Direito Penal da exclusão.[102] Isso fica evidente quando se constata que não se busca, por meio das medidas penais gestadas para o "combate" à imigração irregular – a exemplo das acima analisadas – a "ressocialização" ou a "reeducação" dos migrantes: elas se voltam, precipuamente, à sua exclusão. A esse respeito, Llinares[103] assinala, em comentário à medida de expulsão dos estrangeiros prevista no art. 89 do Código Penal espanhol, que esta sanção não busca confirmar a vigência da norma, nem motivar o cidadão

---

[101] DÍEZ RIPOLLÉS. Op. cit., 2007, p. 137.
[102] BRANDARIZ GARCÍA, José Ángel. Op. cit., 2007.
[103] LLINARES, Fernando Miró. Op. cit., 2008, p. 25-26.

a não realizar o comportamento delitivo, tampouco trata de reintegrá-lo na sociedade em caso de desvio: pretende-se, tão somente, excluir o não desejado, o que permite identificar dita medida com o Direito Penal do inimigo defendido por Jakobs, uma vez que se está diante de um instrumento executor de uma política meramente inocuizadora.

Nesse sentido, Donini refere que

> el extracomunitario irregular es, por tanto, una persona a excluir, un "enemigo", en el sentido de que se usa contra él el instrumento penal solo para excluirlo: no valen o son meramente formales y ficticios los principios del "merecimiento" de la pena, los criterios ordinarios de la ofensa y de la culpabilidad, de la proporcionalidad retributiva y de las finalidades de recuperación. El hombre, aquí, es solo un "*alien*" que es devuelto al remitente.[104]

Isso significa dizer, em outras palavras, que a política criminal que tem orientado as medidas punitivas voltadas ao combate à imigração irregular na União Europeia tem ocasionado um retrocesso rumo à conformação de um modelo de Direito Penal de autor, no qual "la razón de ser de la punición (o de una respuesta sancionatoria agravada) no consiste en el hecho cometido, sino en el tipo de autor", seja porque "falta el hecho que es sustituido por un sujeto 'antijurídico', o porque el 'hecho' existe pero es sintoma de un juicio sobre el autor: es verdad que no se quiere la comisión del 'hecho', pero porque en realidad es su autor quien resulta indeseable".[105]

Ou seja, o Direito Penal gestado para o combate à imigração irregular na União Europeia configura uma "corrupção" do direito penal liberal, uma vez que trata como "proibido", "reprovável", "perigoso", não o ato em si, mas uma "forma de ser" do autor, qual seja, a sua condição de imigrante irregular. E isso representa um retrocesso

---

[104] DONINI, Massimo. Op. cit., 2009, p. 69.
[105] Idem, p. 62.

inadmissível, uma vez que, por meio de um modelo tal de Direito Penal, não se reconhece e tampouco se respeita a autonomia moral da pessoa, quer dizer, sua dignidade humana, olvidando-se, reflexamente, do fato de que o Direito Penal deve estar a serviço da contenção das pulsões absolutistas do Estado de polícia que se encontra enclausurado no seio de todo e qualquer Estado de Direito histórico,[106] razão pela qual somente pode ser utilizado como *ultima ratio* para a proteção dos bens jurídicos mais relevantes, sendo o respeito aos direitos fundamentais do ser humano o pressuposto central da intervenção punitiva.

5. Conclusão

As políticas de imigração dos países centrais europeus – notadamente os integrantes da União Europeia – assumem na contemporaneidade traços altamente repressivistas e excludentes, uma vez que assentadas em práticas que priorizam o controle das fronteiras no sentido de sua "impermeabilização", bem como na perseguição e expulsão dos imigrantes que eventualmente conseguem transpô-las.

Isso decorre do fato de que a imigração é vista como uma "ameaça" diante do enxugamento do Estado de Bem-Estar Social e do consequente "parasitismo" representado pelos imigrantes, bem como diante do medo cada vez maior da megacriminalidade, em especial do terrorismo, sempre associado à imigração.

Daí a funcionalidade da construção dos imigrantes irregulares enquanto "sujeitos de risco", uma vez que os poderes de Estado, diante do fenômeno da globalização, já não podem mais agir com eficácia para aplacar a in-

---

[106] ZAFFARONI, Raúl. Op. cit., 2007.

certeza que permeia as relações sociais, razão pela qual "mudam seu foco" para objetos alcançáveis, ou seja, para aquilo que pelo menos lhes propicia uma demonstração de sua capacidade de manejo e controle. O objetivo, aqui, é restabelecer a confiança no papel das instituições e na capacidade do Estado em afrontar os "riscos" da contemporaneidade por meio do Direito Penal, ainda que à custa de medidas que cumpram com um papel meramente simbólico de "tranquilização".

No entanto, a partir disso, gera-se um ambiente social de "mixofobia" ou de "medo de misturar-se" com os imigrantes, razão pela qual a sua gestão cada vez mais se dá em nível de "segurança", com destaque para o controle das fronteiras e para o reforço dos instrumentos jurídicos e meios materiais que possam potencializar a "luta" contra a imigração irregular, em detrimento da integração dessa população.

Como consequência, verifica-se um franco processo de expansão do Direito Penal, que é chamado a intervir nas questões atinentes à imigração, mais especificamente no que se refere ao controle dos fluxos migratórios. Isso permite afirmar que se assiste, na União Europeia, à construção de um modelo de Direito Penal de autor, visto que, em muitos casos, a condição pessoal de "ser" imigrante ilegal vem sendo, por si só, convertida em delito, ou então considerada enquanto causa de justificação de medidas punitivas mais drásticas que priorizam a inocuização do indivíduo, propiciando, assim, uma atuação do direito punitivo em clara afronta aos direitos fundamentais da pessoa humana.

Referências

ALBRECHT, Peter-Alexis. El derecho penal en la intervencíon de la política populista. *La insostenible situación del Derecho Penal*. Granada: Comares, 2000, p. 471-487.

ARNAIZ, Graciano González R. La condición de extranjero del hombre (Apuntes para una ética de la difeencia). *LOGOS. Anales del Seminário de Metafísica.* n. 1, p. 121-141, 1998.

BARATTA, Alessandro. Funciones instrumentales y simbólicas del Derecho Penal: una discusión en la perspectiva de la criminología crítica. *Pena y Estado:* la función simbólica del derecho penal. Barcelona: PPU, 1991. p. 37-55.

BARGE, Pierre. Las políticas de inmigración y asilo de la Unión Europea: políticas sin salida. In. APDHA – *Derechos Humanos en la Frontera Sur 2008.* 2008, p. 6-13.

BAUMAN, Zygmunt. *Vidas desperdiçadas.* Rio de Janeiro: Jorge Zahar, 2005.

——. *Medo líquido.* Rio de Janeiro: Jorge Zahar, 2008.

——. *Confiança e medo na cidade.* Rio de Janeiro: Jorge Zahar, 2009.

BECK, Ulrich. *La sociedad del riesgo:* hacia una nova modernidad. Trad. Jorge Navarro, Dabiel Jiménez e Maria Rosa Borrás. Barcelona: Paidós, 1998.

——. ¿Qué hay detrás de los 'sin papeles'? In. *El País.* 04 jan. 2010.

BRANDARIZ GARCÍA, José Ángel. Itinerarios de evolución del sistema penal como mecanismo de control social em las sociedades contemporâneas. In. CABANA, P. F.; BRANDARIZ GARCÍA, J. A.; PUENTE ABA, L. M. (org.). *Nuevos retos del derecho penal en la era de la globalización.* Valencia: Tirant lo blanch, 2004. p. 15-63.

——. *Política criminal de la exclusión.* Granada: Comares, 2007.

——. Funcionalidad de la construcción de los migrantes como sujetos de riesgo en el sistema penal español. Derecho Penal del Enemigo, gestión de la exclusión e inclusión subordinada. *Jura Gentium – Revista de filosofía del derecho internacional y de la política global,* 2009. Disponível em: < http://www.juragentium.unifi.it/es/surveys/migrant/brandari.htm>. Acesso em: 25 jul. 2010.

CALLEGARI, André Luís; MOTTA, Cristina Reindolff. Estado e política criminal: a expansão do Direito Penal como forma simbólica de controle social. In. CALLEGARI, André Luís (org). *Política Criminal, Estado e Democracia.* Rio de Janeiro: Lumen Juris, 2007. p. 1-22.

CUEVA, Lorenzo Morillas. Teflexiones sobre el Derecho Penal del futuro. *Revista Electrónica de Ciencia Penal y Criminologia.* Disponível em: <http://criminet.ugr.es>. Acesso em: 22.jan.2009.

DÍEZ RIPOLLÉS, José Luis. *La política criminal en la encrucijada.* Buenos Aires: B de F, 2007.

——. El Derecho Penal simbólico y los efectos de la pena. *Boletín Mexicano de Derecho Comparado.* Disponível em <http://www.juridicas.unam.mx/publica/librev/rev/boletin/cont/103/art/art3.pdf>. Acesso em: 23.abr.2008.

DONINI, Massimo. El ciudadano extracomunitario: de "objeto material" a "tipo de autor" en el control penal de la inmigración. *Revista Penal.* n. 24, p. 52-70, 2009.

FOUCAULT, Michel. *Os anormais:* curso no Collège de France (1974-1975). Trad. Eduardo Brandão. São Paulo: Martins Fontes, 2002.

GARLAND, David. *La cultura del control:* crimen y orden social en la sociedad contemporánea. Trad. Máximo Sozzo. Barcelona: Gedisa, 2005.

HARDT, Michael; NEGRI, Antonio. *Multidão:* guerra e democracia na era do Império. Trad. Clóvis Marques. São Paulo: Record, 2005.

JAKOBS, Günther. Direito penal do cidadão e direito penal do inimigo. In. CALLEGARI, André Luís; GIACOMOLLI, Nereu José (org. e trad.). *Direito penal do inimigo:* noções e críticas. 4. ed. atual. e ampl.. Porto Alegre: Livraria do Advogado, 2009. p. 19-70.

———. La pena estatal: significado y finalidad. In. LYNETT, Eduardo Montealegre (coord.). *Derecho Penal y sociedad:* estudios sobre las obras de Günther Jakobs y Claus Roxin, y sobre las estructuras modernas de la imputación. Tomo I. Bogotá: Universidad Externado de Colombia, 2007. p. 15-61.

LARA, Rafael. ¿Regulación de Flujos? 20 años de muerte en las fronteras. In. APDHA – *Derechos Humanos en la Frontera Sur 2008*. 2008, p. 91-128.

LLINARES, Fernando Miró. Política comunitaria de inmigración y política criminal en España. ¿Protección o "exclusión" penal del inmigrante? *Revista Electrónica de Ciencia Penal y Criminologia*. n. 10-05, p. 05:1-05:31, 2008. Disponível em: <http://criminet.ugr.es/recpc>. Acesso em: 22 mar. 2010.

MARTÍNEZ ESCAMILLA, Margarita. *La inmigración como delito*. Un análisis político-criminal, dogmático y constitucional del tipo básico del art. 318 bis CP. Barcelona: Atelier, 2007.

———. ¿Puede utilizarse el derecho penal en la lucha contra la inmigración irregular? Un análisis del tipo básico del art. 318 bis CP em clave de legitimidad. *Revista Electrónica de Ciencia Penal y Criminologia*. n. 10-06, p. 06:1-06:20, 2008. Disponível em: <http://criminet.ugr.es/recpc>. Acesso em: 22 mar. 2010.

———. Inmigración, Derechos Humanos y Política Criminal: ¿Hasta donde estamos dispuestos a llegar? *Revista Para el Análisis del Derecho*. n. 3, p. 2-45, 2009. Disponível em: <www.indret.com>. Acesso em: 22 mar. 2010.

PÉREZ CEPEDA, Ana Isabel. *La seguridad como fundamento de la deriva del derecho penal postmoderno*. Madrid: Iustel, 2007.

SILVA SÁNCHEZ, Jesús-Maria. *La expansión del Derecho penal:* aspectos de la política criminal en las sociedades postindustriales. Madrid: Cuadernos Civitas, 1999.

ZAFFARONI, Eugenio Raúl. *O inimigo no direito penal*. Trad. Sérgio Lamarão. Rio de Janeiro: Revan, 2007.

— III —

A promoção dos direitos mínimos do cidadão realizada pelas práticas restauradoras: a quebra da cultura excludente e seletiva do sistema penal

Charlise Paula Colet[1]

1. Aspectos introdutórios

Observa-se que no sistema social brasileiro a lei universalizante e igualitária é instrumento de sujeição e diferenciação política e social, pois as leis se aplicam aos indivíduos e nunca às pessoas.[2] Deste modo, afirma-se que

---

[1] Advogada. Mestre em Direito pela UNISC – Universidade de Santa Cruz do Sul e Especialista em Direito Penal e Processo Penal pela UNIJUÍ – Universidade Regional do Noroeste do Estado do Rio Grande do Sul. Professora de Estágio de Prática Jurídica e Direito Penal pela URI – Universidade Regional Integrada do Alto Uruguai e Missões (Santo Ângelo/RS). E-mail: charcoletgimenez@gmail. com

[2] A concretização de direitos do homem demanda igualdade e esta, por sua vez, requer o abandono da diferenciação entre pessoas e indivíduos, cidadãos e inimigos, a qual resulta nos processos de exclusão social e aniquilamento dos sujeitos. O que a realidade mostra é um universo formado por um pequeno número de pessoas, as quais, a partir da hierarquia dos poderes, comandam a vida e o destino de uma multidão de indivíduos que devem obedecer à lei. Por isso, tem-se, de um lado, personalidades, autoridades e homens de bem que fazem a lei e, de outro, os indivíduos como sinônimos de gente sem princípios, sem caráter, aos quais é direcionado o foco da persecução penal, já que os indivíduos representam aqueles que não têm capacidade de viver em sociedade, próximos do estado de natureza, quase como animais.

fazer leis no Brasil é uma atividade que serve para atualizar ideais democráticos, como também para impedir a organização e reivindicação de determinadas camadas da sociedade, aquelas que são colocadas à margem do tecido social e têm recusadas suas condições de cidadania.

Em decorrência do privilégio de poucos em face da exclusão de muitos, bem como do tratamento diferenciado entre pessoas de uma mesma sociedade, há negação da condição de pessoa, já que se refere a seres humanos privados de seus direitos individuais. No entanto, ao agir de forma a distinguir cidadãos (pessoas) e inimigos (indivíduos), quebra-se com o fundamento de constituição do Estado Democrático de Direito, visto que a força normativa de uma constituição democrática depende do reconhecimento do caráter de pessoa do ser humano, do qual derivam os direitos de dignidade humana, liberdade, igualdade e cidadania.

Nesta ótica, o fundamento do Estado Democrático de Direito também não se sustenta diante de mecanismos de criminalização, pois reproduzem degradação, repressão, além de fomentar um processo de desculturação em face da sociedade, reduzindo-se a vontade, perda do senso de responsabilidade, formação de uma realidade ilusória e distanciamento dos valores sociais.

Em oposição aos ideais de confronto e aniquilação do outro, do qual um vence em face da derrota do outro, gerando, assim, sentimentos de vingança e ódio, desejos por sangue e revanche, a Justiça Restaurativa cria condições para que vítima e ofensor possam se encontrar e produzir um cenário baseado em diálogo, reflexão no erro e na humanidade do ato de errar e perdoar. O modelo reconhece que a prática do crime afeta a relação entre vítima e autor do fato, bem como a relação desses com suas comunidades, razão pela qual oportuniza e encoraja as pessoas envolvidas no conflito a serem sujeitos centrais do processo. A partir da exposição dos sentimentos e necessidades, da capacidade de assumir a responsabilidade e reparação do dano, o modelo promove a satisfação de cada parte e a cura, desencadeando a produção de um resultado socialmente terapêutico.

Compreende-se, nesta senda, que a prática restaurativa quebra com a justiça retributiva atual, pois é fundamentada no processo comunicacional, no tratamento alternativo e efetivo de conflitos, no diálogo e consenso, bem como no respeito absoluto aos direitos humanos e na dignidade de pessoa humana, revelando-se, portanto, preconizadora do Estado Democrático de Direito e assecuratória de seus princípios e valores.

2. A transformação da realidade social e o fortalecimento da cidadania pelo uso de meios alternativos de tratamento de conflitos

A sociedade moderna se apresenta complexa pela diversificação do aparelho produtivo em três setores (monopólio, concorrencial e estatal), pela segmentação do mercado de trabalho, bem como pela multiplicação de necessidades e comportamentos dos indivíduos.[3] Desta forma, entende-se necessária a sua análise para se compreender a evolução do Direito e, por conseguinte, do homem, visto que se caracteriza pela fragmentação do tecido social, cujo resultado é o aumento dos conflitos sociais nestes grupos. A existência da sociedade pressupõe a existência do homem e, por conseguinte, do direito para regulamentar a convivência daqueles a partir da legitimidade do Estado.

---
[3] BOBBIO, Norberto; MATTEUCI, Nicola; PASQUINO, Gianfranco. *Dicionário de política*. Trad. de Carmen C. Varriale et al. 4. ed. Brasília: Ed. da UnB, 1992.

No entanto, a sociedade atual revela-se muito mais como um espaço no qual os homens tendem a avançar sobre os outros, em uma luta desigual pela sobrevivência, razão pela qual a justiça penal atua para garantir uma coexistência pacífica entre aqueles que vivem em uma sociedade, tendo como escopo o controle da vingança privada e racionalizar a resposta aos fatos considerados criminosos.

Neste rumo, compreende-se que, ao mesmo tempo em que a justiça penal se caracteriza como o último estágio para onde são remetidas as situações-limites, aquelas consideradas problemáticas à convivência social, é nesse mesmo espaço em que são cometidas as mais sérias supressões de garantias individuais e direitos civis.[4]

Destarte, visualiza-se um Direito Penal moderno guiado por códigos corrompidos e por metas além de seus limites operativos, buscando perpetuar sentimentos vingativos e rotuladores entre aqueles que vivem em uma mesma sociedade, disseminando, assim, um direito penal diferenciado para alguns, os inimigos.

Abandonou-se, portanto, a utilização dos mecanismos penais quando absolutamente necessários, isto é, quando os demais meios não se apresentassem eficazes. O Direito Penal moderno protege os bens jurídicos ao extremo, trazendo para a sua tutela interesses que nela não encontram solução adequada. Assim, torna-se medida *prima ratio*, adotando conceitos desestruturadores e anômalos, reproduzindo um Direito Penal simbólico, ao mesmo tempo em que punitivista/repressivista.

O Direito Penal se torna igualmente um novo meio de a sociedade moderna exorcizar as suas dificuldades. Ou seja, mais do que os seus resultados concretos, entre os quais a detenção de determinados indivíduos, o crescimento da população prisional ou a entrada em cena de

---

[4] SICA, Leonardo. *Justiça restaurativa e mediação penal*. Rio de Janeiro: Lumen Juris, 2007.

novos atores, a penalização indica o palco pelo qual as sociedades olham para si mesmas. Por isso, afirma-se que, sendo o direito a nova formalização da coexistência humana, o direito penal será a sua última encenação.[5]

Nesta ótica, importa destacar que o Direito Penal moderno, derivado da sociedade da pós-modernidade, é oriundo de um Estado ineficiente em executar políticas públicas básicas, acentuando, assim, os índices de criminalidade, bem como ineficiente em fiscalizar o sistema penitenciário, facilitando a reincidência. Além disso, deriva de uma realidade social marcada pelo crescimento da sensação de insegurança, de risco, de demanda penal, pela globalização econômica que intensifica as desigualdades sociais e incrementa o Direito Penal como instrumento aparente de soluções eficazes e rápidas. E, ainda, pelo descrédito da população nas instituições e na possibilidade de mudança a curto prazo, fomentando, por conseguinte, os estados paralelos, à margem da ordem jurídica posta, porém fortalecedores das organizações criminosas.[6]

Por conseguinte, refere-se que a crise do sistema penal surge de uma "civilização do orgasmo, desenhando o modelo de um homem disponível, desprovido do sentido ético e disposto a tudo barganhar pelo prazer fácil e imediato".[7] Ou seja, tem-se um homem socializado, porém não pertencente mais a uma comunidade, "mas um conglomerado de indivíduos atomizados e narcisisticamente inclinados a uma íntima satisfação dos próprios desejos e interesses".[8]

---

[5] GARAPON, Antoine. *Bem julgar*: ensaio sobre o ritual do judiciário. Trad. de Pedro Filipe Henriques. Lisboa: Instituto Piaget, 1997.
[6] CAMPILONGO, Celso Fernandes. *O direito na sociedade complexa*. Apresentação e ensaio de Raffaele de Giorgi. São Paulo: Max Limonad, 2000. p. 54.
[7] REALE, Miguel apud BONFIM, Edílson Mougenot. *Direito penal da sociedade*. São Paulo: Oliveira Mendes/Del Rey, 1997. p. 87.
[8] SÁNCHEZ, Jesús-Maria Silva. *A expansão do direito penal*. Trad. de Luiz Otávio de Oliveira Rocha. São Paulo: Revista dos Tribunais, 2002, v. 11. p. 35 (Série As Ciências Criminais nas Sociedades pós-Industriais).

Compreende-se, neste rumo, que "o que se vê, portanto, é uma absorção simbólica das inseguranças excessivamente divulgadas pela mídia, sem respeito a qualquer lembrança do passado e a qualquer perspectiva político-criminal para o futuro".[9] A realidade indica que a desintegração social e a destruição de laços são marcas fortes de um sistema que surgiu a partir da privação de liberdade como resposta principal à criminalidade. "A punição irracional, o castigo e a violência punitiva, enquanto características principais da reação penal, apenas infundem nos cidadãos o ideal de sofrimento como dado essencial da justiça e avolumam a própria violência que os oprime".[10]

Desta forma, a individualidade característica da sociedade moderna dá espaço a uma sociedade de massas, a qual contempla comportamentos distintos e uniformes ao mesmo tempo, como, por exemplo, pequenos delitos ambientais podem revelar-se como insignificantes quando analisados de forma isolada, porém, se vistos no conjunto, traduzem um dano de grande proporção. Isto é, "el mayor daño posible del comportamiento individual permanece relativamente pequeño, pero a través de la masificación de pequeños daños, la infraestructura pierde ciertamente estabilidad de manera considerable".[11]

Pode-se, então, verificar que o Estado Social não mais se sustenta diante das demandas de novos sujeitos passivos da sociedade globalizada e pós-moderna, pois os tradicionais burgueses-conservadores detentores da "moral média" dão espaço para as

> associações ecológicas, feministas, de consumidores, de vizinhos (contra os pequenos fabricantes de drogas), pacifistas (contra propa-

---

[9] CAVALCANTI, Eduardo Medeiros. *Crime e sociedade complexa*. Campinas, SP: LZN, 2005. p. 33.

[10] SICA, Leonardo. Op. cit., 2007a. p. 4.

[11] JAKOBS, Günther. *La ciencia del derecho penal ante las exigencias del presente*. Trad. Teresa Manso Porto. Bogotá: Universidad Externado de Colômbia. Centro de Investigaciones de Derecho Penal y Filosofia del Derecho, 2000. p. 21-23.

gação de ideologias violentas), antidiscriminatórias (contra ideologias racistas ou sexistas, por exemplo) ou, em geral, as organizações não- -governamentais (ONGs) que protestam contra a violação de direitos humanos em todas as partes do mundo.[12]

No Brasil, estes novos gestores, amparados por uma Constituição fundamentada em um Estado de Direito, dão origem a uma ampliação do Direito Penal baseada na busca constante de proteção de seus interesses atuais. Em outras palavras, a sociedade moderna do bem-estar social revela- -se como uma sociedade de classes passivas (pensionistas, desempregados, destinatários de serviços públicos, consumidores), as quais se transformam em classes e passam a exigir do Estado a proteção dos seus novos interesses, até então desconhecidos para a ordem jurídica.[13]

O surgimento de novos bens jurídicos tutelados, a aparição de meios de ataque diversos dos tradicionais e a força de determinados movimentos sociais de emancipação provocam "uma espécie de entusiasmo punitivo em importantes setores da opinião pública, e também em conspícuos operadores jurídicos, que parecem propugnar, ao invés do benemérito princípio de intervenção mínima, de outro de intervenção máxima".[14]

Neste contexto de sujeitos passivos e, por conseguinte, de maior demanda de resposta do Direito Penal, também se revela na modernidade as consequências nefastas da globalização, eis que reduziu espaços geográficos e crescimento do comércio internacional, ao passo que aumentou o poder econômico das companhias transnacionais; revolucionou os meios tecnológicos de informação e comunicação; utiliza-se de um discurso democrático envolto pelos direitos humanos; surgiu a cultura global e atores supranacionais e transnacionais; agravou a po-

---

[12] SÁNCHEZ, Jesús-Maria Silva. Op. cit., 2002. p. 63-64.
[13] Ibidem.
[14] Idem, p. 133.

breza mundial, destruiu o meio ambiente e deu origem a conflitos transculturais localizados.[15] Este cenário revela, portanto, uma economia globalizada que atua em prol dos interesses da eficiência econômica e da maximização das riquezas em detrimento dos operários do sistema. Isto é, tais mudanças não somente enfraquecem o Estado, como também esvaziam seu aparato de garantias da esfera pública do qual o Direito faz parte.

Por isso, tem-se uma modernidade que se vende à eficácia e para isso acelera a corrida para o futuro, desfazendo os laços com as leis, instituições e os direitos, pois "aquelas coisas veneradas por seus antepassados já não importam, não passam de antiqualhas e imbecilidades".[16] Na modernidade, a eficácia revela-se como a medida de todos os valores, e estes se subordinam àquela.

Nesta senda, afirma-se que a globalização econômica desencadeia processos de descriminalização de condutas que vão ao encontro da referida eficácia, ao mesmo tempo em que postula pela adoção irracional de novos tipos penais que tenham o escopo de tutelar interesses que maximizam a riqueza.[17]

> O sistema econômico impõe-se, em caso de embate, com preponderância sobre todos os demais; colocar em risco a posição da economia é considerado um sacrilégio, algo comparável a provocar a ira dos deuses, e o poder econômico substitui o poder dos Estados: o que sucumbe não apenas é considerado incapaz em certos aspectos, mas marginalizado de forma geral.[18]

---

[15] BECK, Ulrich. *O que é globalização?* Trad. de André Carone. São Paulo: Paz e Terra, 1999. p. 31.

[16] KUJAWSKI, Gilberto de Mello. *Império e terror*. São Paulo: Ibasa, 2003. p. 19.

[17] SALIM, Alexandre Aranalde. *Direito penal do inimigo*: análise de um paradigma contemporâneo de política criminal. Dissertação de Mestrado. Porto Alegre: PUC(RS), 2007.

[18] JAKOBS, Günther. *Ciência do direito e ciência do direito penal*. Trad. de Mauricio Antonio Ribeiro Lopes. São Paulo: Manole, 2003, v. 1. p. 47-48 (Coleção Estudos do Direito Penal).

As demandas da sociedade moderna, impulsionadas pelos avanços científicos e tecnológicos, atingem diretamente o bem-estar individual, visto que a sociedade globalizada, focada na eficácia e na competitividade, desloca para a marginalidade um grande contingente de indivíduos, os quais são rotulados como fonte de riscos pessoais e patrimoniais, gerando, portanto, uma sociedade de riscos.

Diante da expansão do Direito Penal, verifica-se a sua atuação abrangida por novas demandas e interesses penais, produzindo incessantemente legislações infraconstitucionais pautadas pelo objetivo de criminalizar e prevenir a criminalidade. Assim, os riscos modernos, aliados ao crescente avanço econômico e tecnológico, geram uma reação irracional por parte daqueles que se sentem atingidos, razão pela qual mantêm discursos de uma maior tutela da segurança pública em detrimento de interesses individuais e garantias mínimas de dignidade do ser humano.

Neste cenário, qualquer ação, inconsciente ou não, pode dar ensejo a uma ação judicial. Abre-se o jornal e lê-se sobre uma bomba que mata dezenas de pessoas inocentes; liga-se a televisão e o noticiário informa que uma bala perdida atingiu uma criança enquanto estava na escola; conecta-se na internet e surgem notícias de atos bárbaros cometidos por funcionários contra patrões; liga-se o rádio e ouve-se que pais disputam acirradamente a guarda dos seus filhos. Todas as situações diárias com que se depara espelham várias formas de conflitos: social, político, psicanalítico, familiar, interno, externo, entre pessoas ou nações, étnico, religioso, ou de valores e princípios morais.[19]

---

[19] SPENGLER, Fabiana Marion. *O estado-jurisdição em crise e a instituição do consenso*: por uma outra cultura no tratamento de conflitos. Tese de Doutorado. São Leopoldo: Unisinos, 2007.

O conflito rompe com a resistência do outro, eis que consiste em confrontar duas vontades quando o desejo é de uma dominar a outra, impondo-lhe a sua solução. Por isso, afirma-se que o conflito é uma forma de ter razão independentemente dos argumentos racionais, no qual as partes se tratam como adversários e inimigos. Exemplo dessa cultura de conflito e beligerância ocorre nos Estados Unidos quando qualquer ato dá motivo para litigar.

> O litígio judicial pode se tornar uma etapa previsível no ciclo de vida dos americanos. Agora que os filhos processam seus pais e cônjuges ainda não divorciados processam-se mutuamente, as possibilidades são ilimitadas. Membros de paróquias já processaram seus pastores e, apropriadamente, procuradores processaram juízes. Não faz muito tempo que um grupo de pais processou um juiz de futebol por um erro cometido em um jogo entre escolas de segundo grau.[20]

Assim, verifica-se que no século XX a justiça é vendida por um determinado preço. "E assim um cartunista bem coloca a situação: um advogado tranquiliza seu cliente, que está ansioso sobre os méritos de seu caso, mas pergunta: 'quanta justiça o senhor pode pagar?'".[21] Ademais, percebe-se que esforços para simplificar procedimentos e facilitar a indenização por danos causados fazem advogados batalhar por seus honorários.

Nesta ótica, refere-se que o litígio judicial é somente uma opção entre um leque de alternativas viáveis para tratar conflitos. Entretanto, deve-se salientar que as sanções culturalmente aceitas por uma sociedade expressam os ideais das pessoas que as defendem, suas percepções sobre si mesmas e a qualidade de seus relacionamentos. Ou seja, indicam se as pessoas estão predispostas a evitar ou encorajar o conflito, reprimi-lo ou tratá-lo de forma pacífica.

---

[20] AUERBACH, Jerold S. Justiça sem direito? In: AZEVEDO, André Gomma de (Org.). *Estudos em arbitragem, mediação e negociação*. Brasília: Grupos de Pesquisa, 2004, v. 3. p. 54.

[21] Idem, p. 49.

As sociedades modernas ainda encontram-se envoltas de uma fumaça jurídica como os antepassados encontravam-se apegados à religião medieval: "direito é nossa religião nacional; os advogados formam nosso clero; e o tribunal é nossa catedral, onde as paixões contemporâneas são encenadas".[22]

Desta forma, percebe-se a existência de um Direito com elevado grau de institucionalização da função jurídica, a qual se mostra especializada, autônoma, burocrática e sistematizada, orientada para atividades rigidamente definidas e hierarquizadas. Assim, a crescente demanda dá espaço à padronização e impessoalização dos procedimentos, marcados pela morosidade e ineficácia da aplicação da lei em determinados litígios, apenas exalando segurança jurídica aparente.

À medida que o Estado e o grande número de legislação esparsa perdem espaço diante de sua ineficiência, inaplicabilidade e lentidão, o direito inoficial torna-se mais visível como alternativa no tratamento de conflitos. Por isso, o novo espaço oportuniza um estado de exceção personalizado,[23] a qual se direciona às categorias sociais mais pobres, vindo estas a abrir mão do uso da força para submeter-se ao tratamento do conflito.

O Estado, por sua vez, oferece um instrumento de coerção revelado como "o conjunto dos meios de violência que podem ser legitimamente acionados para impor e fazer cumprir as determinações jurídicas obrigatórias".[24] Estes instrumentos podem ser mais ou menos poderosos, quer pelo tipo de ações violentas que podem gerar, quer pelo tipo de condicionalismos a que tal acionamento está

---

[22] AUERBACH, Jerold S. Justiça sem direito? Op. cit., p. 48.
[23] CAPELLA, Juan Ramón. *Fruto proibido:* uma aproximação histórico-teórica ao Estudo do Direito e do Estado. Porto Alegre: Livraria do Advogado, 2002, p. 277.
[24] SANTOS Boaventura de Sousa. *O discurso e o poder.* Ensaios sobre a sociologia da retórica jurídica. Porto Alegre: Sérgio Antônio Fabris, 1988, p. 53.

sujeito ou, ainda quer pelo efeito de neutralização que resulta das ações paralelas ou opostas a outros instrumentos de coerção existentes no mesmo espaço sociojurídico.[25] Por isso, refere-se que o Estado atual tem o monopólio da violência legítima servindo a seu favor.

No entanto, a força estatal não mais se consolida diante da dificuldade que encontra em produzir a ordem, pois "antes tal tarefa lhe é atribuída justamente porque para seu desempenho se faz necessário um aparelho burocrático hierárquico capaz de reunir e concentrar esforços".[26] Ademais, é notório o crescente número de direitos inoficiais que surgem diante da falta de atenção do Estado para com os direitos fundamentais de cada um, adquirindo legitimidade a partir de sua ação libertadora, a qual edifica uma nova cultura societária, "cujos direitos insurgentes são a expressão mais autêntica da satisfação das carências e das necessidades humanas fundamentais".[27]

Nesta ótica, importa destacar que não são poucas as vezes nas quais vige a lei do mais forte, onde se usa da violência moral e física para fazer valer seu código e suas regras, sendo exemplos o crime organizado, narcotráfico, terrrorismo, corrupção e criminalidade econômica. Na análise da realidade brasileira, pode-se concluir que "o direito marginal é a normatividade autoproduzida em guetos quarto-mundializados, como a hoje vigente nos morros do Rio de Janeiro e nas gigantescas favelas de São Paulo [...].[28]

Em adição, verifica-se que a crise de legitimidade do Estado, derivada da fragmentação e diversificação dos

---

[25] SANTOS Boaventura de Sousa. Op. cit., p. 53.
[26] SPENGLER, Fabiana Marion. Op. cit., 2007.
[27] WOLKMER, Antônio Carlos. *Pluralismo jurídico.* Fundamentos de uma nova cultura no direito. 3. ed. São Paulo: Alfa Omega, 2001, p. 323.
[28] FARIA, José Eduardo; KUNTZ, Rolf. *Estado, sociedade e direito.* Qual o futuro dos direitos? Estado, mercado e justiça na reestruturação capitalista. São Paulo: Max Limonada, 2002, p. 71, 120.

interesses sociais, possibilita a visualização de dois cenários: múltiplas identidades que recorrem ao Estado para ver suas reinvidicações atendidas, enquanto as demais demandas e necessidades legitimam formas alternativas de atender as exigências diante da incapacidade estatal.

Por isso, o Estado descentraliza seus poderes para instituições políticas locais e regionais, possibilitando que as identidades das minorais consigam ser manifestadas com maior desenvoltura em níveis locais e regionais, contrariando a tendência de concentração dos governos nacionais da riqueza e do poder, atendendo apenas interesses em seus próprios benefícios. Portanto, ao se permitir uma maior participação no poder, permite-se que "escalões inferiores do governo assumam a responsabilidade pelas relações com a sociedade, tratando das questões do dia a dia, com o objetivo de reconstruir sua legitimidade por meio da descentralização do poder".[29]

Nesta senda, percebe-se que a abertura de espaços fomenta o surgimento de entidades focadas na satisfação do cidadão diante da ineficiência do Estado. Desta forma, o Estado, ao ceder espaço, torna legítima a ação dessas entidades oriundas de forças sociais, as quais assumem o controle estatal a fim de torná-lo sua expressão exclusiva.

A ineficiência estatal também pode ser verificada quando os cidadãos buscam formas alternativas de tratamento de conflitos, visto que o Estado revela uma demora excessiva para tratar os conflitos ou para entregar a prestação jurisdicional demandada pelo seu cidadão. Conforme manifestado anteriormente, a crescente demanda de exigências por parte dos cidadãos, as quais se pautam na Constituição Federal de 1988, eis que ampliou o rol

---

[29] CASTELLS, Manuel. *O poder da identidade*. A era da informação: economia, sociedade e cultura. Trad. de Klauss Brandini Gerhardt. 3. ed. São Paulo: Paz e Terra, 1999, v. 2, p. 317.

de direitos fundamentais e garantias, gerou expectativas de efetivação e satisfação das necessidades, e diante da ineficiência estatal, as mesmas direcionaram-se ao Judiciário, porém depararam-se com um sistema incapaz de responder com efetividade a cada exigência inserida em um litígio judicial.

Neste rumo, compreende-se que a busca por meios alternativos de tratamento de conflitos surgiu a partir da disparidade entre o discurso jurídico e os interesses econômicos, crescente produção legislativa, muitas vezes baseada no clientelismo político e ineficácia de políticas públicas de efetivação dos direitos fundamentais assegurados pela Carta Magna que, pelo seu não cumprimento, desencadearam processos de angústia, revolta, descrédito e insegurança nos cidadãos para com o Judiciário e entre os mesmos. Desta forma, ao invés de satisfazer as relações conflituosas, incendiou-se a disputa e o desejo pela vitória em face da derrota do outro.

Destarte, verifica-se que meios alternativos de tratamento de conflitos permitem que as partes transformam o modo de perceber o conflito e desenvolvam formas autônomas para lidar com as tensões inerentes ao seu relacionamento, sem que para isso seja necessário buscar uma resposta do Judiciário, o que poderia trazer consequências muito mais danosas à relação humana.

Compreende-se, portanto, que a diminuição da presença estatal em determinados espaços sociais permite maior organização e aplicação de regras criadas pelo cidadão como alternativas para tratar conflitos, uma vez que é preciso reduzir o exercício do poder do sistema penal para substituí-lo por formas alternativas que visam o tratamento do conflito.[30]

---

[30] ZAFFARONI, Eugenio Raul. *Em busca das penas perdidas*. Rio de Janeiro: Renavan, 2001.

Assim, a elaboração de um novo paradigma de justiça criminal como alternativa à prisão e à pena possibilitam: a) o garantismo positivo; b) a redução da violência punitiva; c) a neutralização das funções reais do cárcere; d) a não expansão da rede de controle social penal. Deve-se, ainda, compreender que a justiça penal requer mínima força e sempre que possível abdicar do uso da violência legal, vindo a reconhecer que o conflito, o desvio às regras de convivência, são elementos impossíveis de serem eliminados, os quais devem ser geridos dentro de um projeto humanista, que condiza com o estágio cultural e tecnológico da atual sociedade.

Nesta senda, afirma-se que a justiça penal deve priorizar mecanismos de intervenção que tenham por objetivo o fortalecimento dos valores de convívio comunitário e que considerem o caráter relacional do conflito, resultando em um sistema que ofereça modelos de comportamento agregadores do consenso ao redor das regras do ordenamento. "É possível atribuir às decisões penais um papel positivo de solucionar os conflitos sem ter que, necessariamente, recorrer à punição aflitiva".[31]

Portanto, traz-se ao presente estudo a Justiça Restaurativa como proposta para promover, entre os verdadeiros protagonistas do conflito traduzido em um fato típico, iniciativas de solidariedade, diálogo e programas de reconciliação. Esta alternativa viabiliza o tratamento do conflito de forma coletiva para lidar com suas consequências e implicações futuras, pois atingem a vítima, o réu, suas respectivas comunidades com o escopo de estimular a reparação, a reconciliação e o reforço do sentimento de segurança.[32]

---

[31] SICA, Leonardo. Op. cit., 2007a., p. 6.
[32] Idem, p. 13.

3. O ideal restaurativo como modelo de justiça e resgate do papel do indivíduo na comunidade

A notícia da prática de um crime e a forma com que se reage e se responde à ação tornam-se relevantes para configurar o problema e a sua solução. Por isso, refere-se que a escolha que se faz reflete naquilo que se enxerga, no relacionamento e na proporção dos elementos escolhidos, pois tanto pode ser retributiva como restaurativa, porém cada uma levará a um caminho diverso do outro. O processo penal utiliza-se da visão retributiva e não consegue atender às necessidades da vítima e do ofensor, eis que, enquanto negligencia a vítima, fracassa na responsabilização do ofensor.

A Justiça Retributiva considera o crime como violação contra o Estado, definida a partir da desobediência à lei e pela culpa. Assim, a justiça determina a culpa e inflige dor na relação entre Estado e ofensor. A seu turno, a Justiça Restaurativa caracteriza o crime como violação de pessoas e de relacionamentos ao passo que cria a obrigação de corrigir os erros, envolvendo, portanto, vítima, ofensor e comunidade na busca pela melhor forma de reparar, reconciliar e restabelecer a segurança e a autonomia das partes.[33]

Nesta ótica, verifica-se que o modelo restaurativo objetiva, inicialmente, a reparação e a cura para a vítima e, posteriormente, sanar o relacionamento entre vítima e ofensor, bem como para com a comunidade. Assim, compreende-se que a intervenção restaurativa amplia os horizontes da vítima e de seu ofensor, oportunizando espaço para confissão, arrependimento sincero, perdão e reconciliação.[34]

---

[33] ZEHR, Howard. Op. cit., 2008.
[34] FERREIRA, Francisco Amado. Op. cit., 2006.

Cura para as vítimas não significa esquecer e minimizar a violação. Implica num senso de recuperação, numa forma de fechar o ciclo. A vítima deveria voltar a sentir que a vida faz sentido e que ela está segura e no controle. O ofensor deveria ser incentivado a mudar. Ele ou ela deveriam receber a liberdade de começar a vida de novo. A cura abarca um senso de recuperação e esperança em relação ao futuro.[35]

As práticas restaurativas revelam-se como uma abordagem diferente à atual justiça penal, uma vez que foca na reparação dos danos causados às pessoas e aos relacionamentos em detrimento da mera resposta punitiva aos transgressores. Isto é, a Justiça Restaurativa busca promover a inclusão da vítima e do ofensor a partir de comunidades de assistência, permitindo, desta forma, que as partes diretamente envolvidas ou afetadas possam participar de processos colaborativos, cujo objetivo se dá na redução do dano ao mínimo possível.

Em conformidade com o exposto, os autores Londoño e Urbano destacam que

la justicia restaurativa es un tipo de justicia que procura, por medio de un proceso de encuentro y diálogo en el que participan activa y voluntariamente víctima, ofensor y comunidad, la reparación del daño a la víctima, la restauración del lazo social y junto con ello la rehabilitación del ofenso.[36]

Destarte, objetiva a reformulação da maneira com que as atividades judicativas são exercidas no individual e perante o grupo social, em instâncias informais de julgamentos dos quais se faz parte diariamente, como família, escola ou trabalho, isto é, em todos os ambientes dos

---

[35] ZEHR, Howard. Op. cit., 2008. p. 176.
[36] LONDOÑO, Maria Catalina Echeverri; URBANO, Deidi Yolima Maca. *Justicia restaurativa, contextos marginales y representaciones sociales*: algunas ideas sobre la implementación y la aplicación de este tipo de justicia. Disponível em: <http://www.justiciarestaurativa.org/news/Articulo%JUSTICIA%20 RESTAURATIVA %20Colombia.pdf>. Acesso em: 29 jun. 2008.

quais se é participe.[37] Por isso, o autor em tela destaca que a "Justiça Restaurativa define uma nova abordagem para a questão do crime e das transgressões que possibilita um referencial paradigmático na humanização e pacificação das relações sociais envolvidas num conflito".[38]

Objetivando a minimização da violência em sociedade, a Justiça Restaurativa contrapõe-se ao modelo de justiça criminal em que há a instrumentalização do homem para fins do Estado, o que implica sua coisificação e violação do princípio da dignidade humana, contrariando valores de igualdade e liberdade.

> La justicia restaurativa es diferente de la justicia penal contemporánea en muchas maneras. Primero, ve los actos criminales en forma más amplia – en vez de defender el crimen como simple transgresión de las leyes, reconoce que los infractores dañan a las víctimas, comunidades y aun a ellos mismos. Segundo, involucra más partes en repuesta al crimen – en vez de dar papeles clave solamente al gobierno y al infractor, incluye también víctimas y comunidades. Finalmente, mide en forma diferente el éxito – en vez de medir cuanto castigo fue infringido, mide cuánto daño es reparado prevenido.[39]

Gize-se que a prática de exercer a justiça não repercute apenas no âmbito do Poder Judiciário (justiça formal), mas produz impacto nos campos culturais e das relações sociais, eis que todo o indivíduo pratica, de alguma forma, algum tipo de julgamento ao longo da sua jornada, seja no círculo familiar, educacional, no trabalho ou, ainda, nas relações em geral.

Neste diapasão, compreende-se que a justiça pessoal (exercício do poder individual), em regra, espelha-se nos

---

[37] BRANCHER, Leoberto Narciso. *Justiça restaurativa:* a cultura de paz na prática da justiça. Site do Juizado da Infância e Juventude do Tribunal de Justiça do Estado do Rio Grande do Sul. Disponível em: <http://jij.tj.rs.gov.br/jij_site/docs/JUST_RESTAUR/VIS%C3O+GERAL+JR_0.HTM>. Acesso em: 8 abr. 2007.

[38] Idem, p. 1.

[39] CENTRO PARA LA JUSTICIA Y LA RECONCILIACIÓN. Confraternidad Carcelaria Internacional. ¿*Que es la Justicia Restaurativa*? Mayo 2005. Disponível em: <http://www.pficjr.org/spanish/quees/>. Acesso em: 6 ago. 2008.

métodos tradicionais de justiça, os quais, a seu turno, refletem todos os vícios ligados às práticas de controle autoritárias transmitidas ao longo das gerações.[40]

Conforme menciona Scuro Neto, a Justiça Restaurativa encara o crime como um mal causado às pessoas e às comunidades, razão pela qual deve ser considerado o dano sofrido pela vítima para atender às suas necessidades e salientar a sua importância no processo legal. Igualmente, implica em responsabilidade e compromisso concretos do ofensor, ao contrário de aplicar uma pena como forma de compensação do dano, o que, em muitas vezes, torna-se irrelevante ou contraproducente.[41]

Em adição, destaca-se que o atual processo penal pouco atua no sentido de fazer o ofensor compreender as consequências de seus atos, a tal ponto de considerar o mal causado às suas vítimas. Ao contrário, atua de forma a não reconhecer sua responsabilidade, utilizando estereótipos e racionalizações para se distanciar das pessoas prejudicadas. Assim, há uma sensação de alienação em relação à sociedade que faz com que a maioria dos infratores sentem, resultando no sentimento de que eles próprios são vítimas, o qual é maximizado pelo processo legal e pela experiência da prisão".[42]

Por isso, manifesta-se que a Justiça Tradicional, também chamada de Retributiva, ao desviar o foco do dano, ou até mesmo do trauma social produzido pelo mesmo,

tende a desresponsabilizar emocionalmente o infrator, visto que não abre espaços para a sinceridade, para a transparência afetiva e para o diálogo, ingredientes essenciais a qualquer processo de pacificação. Consequentemente, tal sistema vem, ao longo dos séculos, produzin-

---

[40] BRANCHER, Leoberto Narciso. Op. cit., 2006.
[41] SCURO NETO, Pedro. Modelo de Justiça para o Século XXI. *Revista da EMARF*. Rio de Janeiro, v. 6, 2003. Disponível em: <http://jij.tj.rs.gov.br/jij_site/docs/JUST_RESTAUR/PEDRO+SCURO+JUSTI%C7A+XXI.PDF. Acesso em: 8 abr. 2007.
[42] Ibidem.

do como principal efeito a amplificação dos conflitos e a reverberação da violência.[43]

Em contrapartida, a Justiça Restaurativa almeja, a partir do processo cooperativo, o envolvimento de todas as partes interessadas na determinação da melhor solução ao conflito e reparação do dano causado. Ademais, é considerada uma teoria de justiça que busca enfatizar a reparação do dano causado ou revelado a partir do comportamento criminal, sendo a mesma perfectibilizada por meio do processo cooperativo, o qual inclui todas as partes do processo, em todas as etapas de composição, quais sejam: a) identificação e reparação do dano; b) envolvimento de todas as partes do processo; c) transformação do relacionamento tradicional entre comunidade e seu respectivo governo no tocante à resposta à criminalidade. Desta forma, os programas propostos pela justiça restaurativa incluem: a) mediação entre vítima e ofensor; b) conferência; c) círculos; d) assistência à vítima; e) assistência ao (ex)ofensor; f) restituição; g) serviço comunitário.[44]

Verifica-se, portanto, que a resposta tão somente punitiva aos transgressores, a qual desconsidera as partes envolvidas no delito, bem como suas necessidades emocionais e sociais, desencadeia um processo de criminalização a partir da reação social ao fato cometido e das repercussões do mesmo no meio em que foi cometido. Assim, foca-se nas necessidades que as pessoas e comunidades afetadas pela criminalidade têm em face do delito, propondo-se, portanto, um processo colaborativo, solidário e inclusivo, fundamentado na responsabilidade e na restauração dos traumas e lesões produzidas pelo crime, e não simplesmente na punição.

> A Justiça Restaurativa transforma o paradigma da intervenção penal, uma vez que não está apenas preocupada com a determinação de uma resposta adequada ao comportamento criminal, mas também

---

[43] BRANCHER, Leoberto Narciso. Op. cit., 2006.
[44] SCURO NETO, Pedro. Op. cit., 2003.

com a reparação, seja ela material ou simbólica, dos danos causados pelo crime. Encoraja vítima e ofensor a resolverem o conflito por intermédio da discussão e da negociação, reservando para os agentes públicos o papel de facilitadores, dotados de um só instrumento de intervenção: a linguagem, o que os coloca no mesmo nível de poder das partes (uma vez que, aqui, o poder limita-se à comunicação). Mais do que a reparação material, pode reparar as relações e a confiança afetadas pelo crime.[45]

A existência do conflito demanda por respostas punitivas, reparatórias, conciliatórias e terapêuticas, sendo a aplicação dos mecanismos restaurativos uma forma de corrigir as consequências do delito, reparando o dano ao máximo, bem como as relações das partes afetadas pela prática ilícita. Afirma-se, portanto, que almeja, a partir do processo cooperativo, o envolvimento de todas as partes interessadas na determinação do melhor tratamento do conflito e reparação do dano causado.

Neste sentido, Ceretti e Mannozzi destacam que

la giustizia riparativa è dunque un modello di giustizia che coinvolge la vittima, il reo e la comunità nella ricerca di soluzioni al conflitto allo scopo di promuovere la riparazione del danno, la riconciliazione tra le parti e il rafforzamento del senso di sicurezza. La sfida che la giustizia riparativa lancia, alle soglie del XXI secolo, è quella di cercare di superare la logica del castigo muovendo da una lettura relazionale del fenomeno criminoso, inteso primariamente come un conflitto che provoca la rottura di aspettative social simbolicamente condivise. Il reato non dovrebbe più essere semplicemente considerato come un illecito commesso contro la società, o come un comportamento che incrina l'ordine costituito – e che richiede una pena da espiare – bensì come come una condotta intrinsecamente dannosa e offensiva, che può provocare alla vittima privazioni, sofferenza, dolore o persino la morte, e che richiede, da parte del reo, principalmente l'attivazione di forme di riparazione del danno.[46]

---

[45] VASCONCELOS, Carlos Eduardo. *Mediação de conflitos e práticas restaurativas*. São Paulo: Método, 2008. p. 127.
[46] CERETTI, Adolfo; MANNOZZI, Grazia. *Sfide:* la giustizia riparativa. 2000. Site do Sesta Opera San Fedele. Disponível em: <http://www.sestaopera.it/DOCUMENTI/ARTICOLI/Ceretti_Mannozzi.htm>. Acesso em: 30 ago. 2007.

Vislumbra-se, portanto, que a resposta tão somente punitiva aos transgressores, a qual desconsidera as partes envolvidas no delito, bem como suas necessidades emocionais e sociais, desencadeia um processo de criminalização a partir da reação social ao fato cometido e das repercussões do mesmo no meio em que foi cometido.

Assim, foca-se nas necessidades que as pessoas e comunidades afetadas pela criminalidade têm em face do delito, propondo-se, portanto, um processo colaborativo, solidário e inclusivo, fundamentado na responsabilidade e na restauração dos traumas e das lesões produzidos pelo crime, e não simplesmente na punição.

> A Justiça Restaurativa transforma o paradigma da intervenção penal, uma vez que não está apenas preocupada com a determinação de uma resposta adequada ao comportamento criminal, mas também com a reparação, seja ela material ou simbólica, dos danos causados pelo crime. Encoraja vítima e ofensor a resolverem o conflito por intermédio da discussão e da negociação, reservando para os agentes públicos o papel de facilitadores, dotados de um só instrumento de intervenção: a linguagem, o que os coloca no mesmo nível de poder das partes (uma vez que, aqui, o poder limita-se à comunicação). Mais do que a reparação material, pode reparar as relações e a confiança afetadas pelo crime.[47]

Esta nova proposta de abordagem à justiça penal opta por reparar os danos causados às pessoas e aos relacionamentos ao invés de mera punição ao transgressor, pois a punição aplicada de forma isolada não considera os danos emocionais e sociais, fundamentais para reduzir o impacto do crime sobre os envolvidos. Ou seja, a Justiça Restaurativa preenche as necessidades emocionais e de relacionamento, necessárias para a manutenção de uma sociedade civil saudável.[48]

Nesta ótica, como bem refere Sócrates, a Justiça Restaurativa proporciona um espaço para a fala, para a ex-

---

[47] VASCONCELOS, Carlos Eduardo. Op. cit., 2008. p. 127.
[48] MCCOLD, Paul; WACHTEL, Ted. Op. cit., 2003.

pressão de sentimento e emoções vivenciadas, as quais serão utilizadas para a construção de um acordo restaurativo, contemplando, a seu turno, a restauração das relações sociais e dos danos causados.[49] Acredita-se que novos tecidos devem crescer para preencher os espaços vazios que foram dilacerados. No entanto, para que isso aconteça é preciso que haja condições e nutrientes adequados, quais sejam: segurança, higiene e tempo. Deve-se considerar que cicatrizes podem remanescer, mas quando a ferida sara, pode-se mover novamente, recuperar as funções e crescer, motivo pelo qual é fundamental às partes vivenciar a lesão e a cura, pois se compreenderá as condições que levaram à lesão e as que trouxeram a cura.[50]

A ideia refletida pelo modelo restaurativo é um procedimento baseado no consenso, no qual as partes enquanto sujeitos centrais participam coletiva e ativamente na construção de alternativas para a cura das feridas abertas, dos traumas, das dores e das perdas provocadas pelo crime. Outrossim, por ser voluntário e informal, oportuniza espaços comunitários sem que seja encenado o ritual do judiciário, pois possui a intervenção de mediadores ou facilitadores, os quais utilizam técnicas de mediação, conciliação e transação na busca de um resultado restaurativo. Isto é, "um acordo objetivando suprir as necessidades individuais e coletivas das partes e se lograr a reintegração social da vítima e do infrator".[51]

A prática delituosa viola não somente as relações entre infrator e vítima, como as relações existentes com a

---

[49] SÓCRATES, Adriana. *Práticas restaurativas como diferentes formas de lidar com o que comparece à justiça*. Disponível em http://www.justiciarestaurativa.org/news/adriana. Acesso em: 21 fev. 2006.

[50] ZEHR, Howard. Op. cit., 2008.

[51] PRUDENTE, Neemias. Moretti; SABADELL, Ana Lucia. Mudança de paradigma: justiça restaurativa. *Revista Jurídica Cesumar Mestrado*. Maringá/PR, jan./jul. 2008, v. 8, n. 1. p. 49-62.

comunidade de apoio de ambas as partes, motivo pelo qual se afirma que compete à Justiça a identificação das necessidades e obrigações oriundas da violação e do trauma causado. Por isso, a Justiça Restaurativa oportuniza e encoraja as pessoas ao diálogo e ao consenso, de forma que avaliem suas capacidades de reconhecer suas responsabilidades e as necessidades a serem supridas pela prática do crime, resultando em um processo terapêutico individual e social.[52]

Não se defende a desjudicialização ou privatização da justiça criminal, mas uma democracia participativa que seria complementada pela Justiça Restaurativa, utilizada como ferramenta para determinados casos segundo critérios definidos em lei, quando as partes seriam o centro do processo e deixariam de ser espectadores mudos, apropriando-se de um conflito que lhes pretence.[53]

Estes mecanismos, além de constituírem-se em um novo paradigma de justiça, mais consensualista, participado, conciliatório e preocupado com as consequências materiais e emocionais imediatas da ofensa nas pessoas atingidas, apresentam-se como respostas às dificuldades conjunturais e estruturais sentidas pelo sistema judicial, utilizando formas alternativas de realização da justiça e, por conseguinte, dos valores de dignidade humana e cidadania plena.[54]

"Fazer justiça" do ponto de vista restaurativo significa dar resposta sistemática às infrações e a suas consequências, enfatizando a cura das feridas sofridas pela sensibilidade, pela dignidade ou reputação, destacando a dor, a mágoa, o dano, a ofensa, o agravo causados pelo malfeito, contando para isso com a participação de todos os envolvidos (vítima, infrator, comunidade) na resolução dos problemas (conflitos) criados por determinados incidentes. Práticas de justiça com objetivos restaurativos identificam os males infligidos e influem na sua reparação,

---

[52] ZEHR, Howard. Op. cit., 2008.
[53] PRUDENTE, Neemias Moretti; SABADELL, Ana Lúcia. Op. cit., 2008.
[54] FERREIRA, Francisco Amado. Op. cit., 2006.

envolvendo as pessoas e transformando suas atitudes e perspectivas em relação convencional com sistema de Justiça, significando, assim, trabalhar para restaurar, reconstruir; de sorte que todos os envolvidos e afetados por um crime ou infração devem ter, se quiserem, a oportunidade de participar do processo restaurativo, sendo papel do poder público é preservar a ordem social, assim como à comunidade cabe a construção e manutenção de uma ordem social justa.[55]

Assim, os mecanismos da Justiça Restaurativa não buscam somente a redução da criminalidade, mas atenuar os reflexos do crime sobre toda a comunidade afetada. Como bem refere Laurrari, "la justicia restauradora representa un nuevo intento de dar respuesta al delito, pero sería iluso esperar de ésta grandes logros si no es dotada de una autonomía y recursos sociales que puedan alterar las razones profundas que muchos actos delictivos reflejan".[56]

Neste sentido, consoante expressa Sócrates, é necessário que exista uma considerável disponibilidade psíquica e emocional das partes que são reconduzidas ao fato ocorrido, às emoções e vivências desencadeadas. A Justiça Restaurativa permite este espaço de falar para expressar sentimentos e emoções vividos, os quais serão utilizados na construção de um acordo restaurativo, contemplando, portanto, a restauração das relações sociais e dos danos causados.[57]

Por isso, sugere Zehr uma mudança de foco ao se analisar o delito, pois, consoante seu entendimento, "o crime é uma violação de pessoas e relacionamentos. Ele cria a obrigação de corrigir os erros. A justiça envolve a vítima, o ofensor e a comunidade na busca de soluções

---

[55] SCURO NETO, Pedro. *A justiça como fator de transformação de conflitos*: princípios e implementação. Disponível em: <http://www.restorativejustice.org/rj3/Fulltext/brazil/EJRenato%20_Nest_.pdf>. Acesso em: 20 mar. 2008.
[56] LARRAURI, Elena. Tendências actuales de la justicia restauradora. *Revista Brasileira de Ciências Criminais*. São Paulo: Revista dos Tribunais, nov./dez. 2004, n. 54. p. 100-101.
[57] SÓCRATES, Adriana. Op. cit., 2006.

que promovam reparação, reconciliação e segurança".[58] Nesta ideia, o autor sustenta que cabe à Justiça Restaurativa oportunizar e encorajar as pessoas envolvidas a dialogarem como sujeitos centrais do processo, buscando-se, assim, o reconhecimento das responsabilidades pelo cometimento do delito e o saneamento das necessidades desencadeadas pela ofensa.

A Justiça Restaurativa reflete um procedimento adotado entre as partes envolvidas no conflito, as quais expõem seus sentimentos, emoções e necessidades básicas enquanto seres humanos, de forma a legitimar o acordo restaurativo pactuado pelos mesmos. Neste contexto, manifesta Brancher que:

> Se a lei é pai e limite, a justiça deveria ser mãe, acolhimento e escuta. Os olhos vendados da deusa lembram a importância do ouvir, antes de pensar, pesar, julgar. Antes: que os ouvidos sintam antes que os olhos concluam.
> Ouvir antes: antes que os pré-conceitos julguem. Uma justiça isenta, acolhedora e dialógica – equivalente a uma justiça que não parta dos pressupostos da imputação, investigação, culpa e castigo – haveria de ser capaz de escutar a cada um e dar voz e vazão a suas dores, dramas e tragédias. Andar sete dias e sete noites nas sandálias do pecador. Nem tanto: sete minutos para ouvir cada pessoa na inteireza da sua humanidade, respeitado o limite das próprias circunstâncias, talvez bastassem. Meninos de rua, policiais, taxistas, vítimas de assaltos, viúvas do latrocínio, adolescentes infratores ou suas mães: que qualquer um enfim pudesse comparecer a uma sala de audiências – ou a qualquer outro espaço mais adequado, mas não menos simbólico, dedicado à escuta do conflito – para expressar a turbilhão de sentimentos e emoções subjacentes às causas e aos efeitos da infração. Livres para não ter de proteger-se das terríveis ameaças da deusa enfurecida e livres para transparecer aquilo que, pelas vias tormentosas da violência, fizeram ouvir sob a forma de uma impronunciada demanda: a demanda pela satisfação de suas necessidades – as quais, por se reduzirem em regra à satisfação de valores, quando não de direitos, no mais das vezes ecoarão um grito universal, quase

---
[58] ZEHR, Howard. Op. cit., 2008. p. 170-171.

sempre trazendo um fundo humano legítimo por mais que inadmissível seja sua estratégia de reivindicação.[59]

Entende-se, ainda, que uma justiça que tenha como objetivo a satisfação das partes deve começar por identificar e tentar satisfazer as necessidades humanas. Ou seja, requer-se que sejam sanadas as necessidades de todos que foram violados pelo delito. Ao se ignorarem os gritos de angústia do crime, oportuniza-se que as partes envolvidas venham a projetar estigmas selecionadores no meio em que estão inseridas justamente como forma de vingança pelo mal sofrido. Como bem assevera Zehr, ao parafrasear Morton MacCallum-Paterson, não há palavras mais expressivas do que reclamar sangue ao falar de dor, do pesar e do ódio daqueles que as vítimas dos delitos deixaram para trás.[60]

Neste sentido, compreende-se que a restituição, além de representar a recuperação de perdas, tem importância simbólica, uma vez que possibilita o reconhecimento do erro e uma declaração de responsabilidade. Por isso, "a correção do mal é, em si, uma forma de expiação que poderá promover a cura mais eficazmente do que a retribuição".[61]

Importa destacar que as vítimas têm a necessidade de segurança, reparação, justificação e empoderamento, como também a comunidade requer que algum tipo de ação simbólica seja perpetrada a fim de que estejam presentes a denúncia da ofensa, vindicação, restauração da confiança e reparação.

Enquanto a justiça for retributiva, de forma a ignorar os papéis da vítima e da comunidade que a compreende, bem como os danos e as necessidades de cada parte, ter-se-á uma justiça de "olho por olho", um retrocesso ao

---

[59] BRANCHER, Leoberto Narciso. Op. cit., 2006, p. 671.
[60] ZEHR, Howard. Op. cit., 2008.
[61] Idem, p. 181.

DIREITO PENAL E GLOBALIZAÇÃO

Código de Hamurabi.⁶² Ou seja, desta forma, compreende-se que os "males devem ser pagos pelos males, e aqueles que cometeram ofensas merecem vingança".⁶³ Ao se adotar a humilhação e o sofrimento como expoentes da justiça, em detrimento do amor e da compreensão, a sociedade está se orientando a partir do senso comum punitivo, de forma a promover o etiquetamento social como resposta aos danos sofridos pela prática de um crime e não sanados pela atuação da justiça. Conclui-se, portanto, que a Justiça Restaurativa torna possível sopesar os valores fundamentais que condicionam as atuais práticas de Justiça, em especial, a violência e a criminalidade.

> A justiça restaurativa fomenta o potencial de transformação positiva do agressor e a responsabilização por meio da compreensão das razões, seus atos e as conseqüências. Assim, a imposição da pena deixa de ser vista como compensação do dano [...] dessa forma a justiça restaurativa passa pela capacidade de o agressor entender o ocorrido, de se conscientizar dos danos e assumir a responsabilidade pela sua conduta. Nesses termos, não é só garantido a reparação do dano sofrido pela vítima, mas também a recomposição da comunidade em que ambos estão inseridos.⁶⁴

Compreende-se, portanto, que as práticas restaurativas evitam a estigmatização do ofensor de forma a promover a responsabilização consciente pelo seu ato, bem como possibilitam a recuperação dos sentimentos da vítima, reintegrando-a à comunidade de modo fortalecido, a qual, por sua vez, percebe seu potencial criativo e participativo na restauração social, agindo como suporte à vítima e ao ofensor.⁶⁵

---

[62] Conjunto de leis mesopotâmicas datadas de 1700 a.C., as quais aplicavam a tese do "olho por olho, dente por dente".
[63] ZEHR, Howard. Op. cit., 2008. p. 74.
[64] ISOLDI, Ana Luiza Godoy; PENIDO, Egberto. Justiça Restaurativa: a construção de uma nova maneira de se fazer Justiça. *MPMG Jurídico*. Dez. 2005/Jan. 2006, ano I, n. 3. p. 60-61.
[65] Ibidem.

Ou seja, requer o trabalho conjunto para reintegrar aquele que sofreu o dano; maior oportunidade de participação integral daqueles com envolvimento direto ou afetado pelo crime, desde que queiram; o papel do governo é preservar somente a ordem pública, assim como o papel da comunidade é construir e manter a paz.

> El "proceso restaurativo" es todo proceso en que la víctima, el delincuente y cuando proceda, cualesquiera otras personas o miembros de la comunidad afectados por un delito, participan conjuntamente de forma activa en la resolución de cuestiones derivadas del delito, por lo general con la ayuda de un facilitador. Entre los procesos restaurativos se puede incluir la mediación, la conciliación, la celebración de conversaciones y las reuniones para decidir sentencias. El "resultado restaurativo" será un acuerdo logrado como consecuencia de un proceso restaurativo. Entre los resultados restaurativos se pueden incluir respuestas y programas como la reparación, la restitución y el servivio a la comunidad, encaminados a atender las necesidades y responsabilidades individuales y colectivas de las partes y a lograr la reintegración de la víctima y del delincuente. Las "partes" serán la víctima, el delincuente y cualesquiera otras personas o miembros de la comunidad afectados por un delito que participen en un proceso restaurativo. El "facilitador" será una persona cuya función es promover, de manera justa e imparcial, la participación de las partes en un proceso restaurativo.[66]

Este modelo alternativo de tratamento do conflito confere às partes capacitação – *empowerment* – atribuindo às partes um papel ativo para firmar sua autonomia e poder pessoal.[67] Em complemento ao exposto, Tickell e Akester referem que a

> justiça restaurativa representa uma mudança de linguagem e orientação, criando a oportunidade de revigorar o debate num ambiente político que esteja explicitamente tentando enfocar as causas do crime, ao invés de responder às demandas de "severidade" ou "endurecimento" e punição. O que isto oferece é inclusão para as vítimas e uma abor-

---

[66] MARTÍN, Nuria Belloso. (Org.). Mediación penal de menores. In: ——. *Estúdios sobre mediación*: la ley de mediación familiar de Castilla y León. Espanha: Junta de Castilla y León, 2006. p. 309.
[67] SICA, Leonardo. Op. cit., 2007.

dagem determinada, cujo alvo são as causas do crime, e pode, para o ofensor, ser tão "forte" quanto qualquer resposta oferecida pela justiça criminal convencional e pode ser mais efetiva em longo prazo.[68]

O Estado Democrático de Direito é uma evolução humana e uma garantia de sobrevivência do homem, o qual garante a cada integrante da sociedade uma vasta gama de Princípios e Direitos constitucionais protegidos, principalmente os de fundação no Estado Social de Direito, no Brasil recepcionado pela Carta Magna como Estado Democrático de Direito e as Garantias Fundamentais.

Na busca de um sistema de justiça ideal, não se pode mais negligenciar as emoções, sentimentos e necessidades daqueles que dela necessitam. Ao contrário, "a pessoa humana deve ser, portanto, protegida com primazia na sua vida, no seu corpo, nas suas liberdades, na sua dignidade, na sua segurança e na sua relação com o meio ambiente".[69]

Com o paradigma restaurativo, permite-se que a sociedade participe das práticas comunitárias de justiça, de forma a recuperar o monopólio do Estado moderno de aplicação do Direito, negligenciando o poder de cidadania dos indivíduos. A Justiça Restaurativa, no Estado Democrático de Direito, representa algo mais inteligível e mais humano do que o Direito Penal atual.

Destarte, a Justiça Restaurativa, aplicada no Estado Democrático de Direito, não só realiza os Direitos Humanos enquanto garantia de liberdade e igualdade dos indivíduos, como também dá autonomia aos atores, reconhecendo suas vontades e direitos, de forma a concretizar um espaço democrático, aberto ao diálogo e ao consenso

---

[68] TICKELL, Shari; AKESTER, Kate. *Restorative Justice.* The way ahead. Londres: Justice, 2004, p. 12.
[69] SILVA, Tadeu Antônio Dix. *Liberdade de expressão e direito penal no estado democrático de direito.* São Paulo: IBCRIM, 2000, p. 374.

em benefício da sociedade como um todo, legitimando, assim, a cidadania plena de cada um que a compõe.

4. Notas conclusivas

A aplicabilidade dos mecanismos restaurativos na prática da justiça brasileira, a partir da sua legislação, respeita o ser humano e sua capacidade de autodeterminação individual e coletiva, pois se orienta pelo respeito absoluto à dignidade humana, ao processo comunicacional, à resolução alternativa e efetiva dos conflitos e ao consenso.

O processo comunicacional fundamenta-se na justiça social praticada pela soberania e democracia participativa e no diálogo das partes, ou seja, revela-se como uma ética da solidariedade, eis que considera o diálogo como ponte para uma solução imediata, duradoura e futura. A resolução alternativa de conflitos apresenta alternativas ao vigente sistema penal ao passo que adapta a resposta ao caso concreto e às partes de modo que se sintam comprometidas com a decisão em que houve participação de todos, não negando os interesses alheios em face dos interesses próprios pelo simples fato de serem próprios, e não dos outros. O consenso observa o respeito às partes e entre as partes, pois aproxima pessoas que compõem comunidades diversas e são de culturas diferentes, ao mesmo tempo em que o respeito absoluto à dignidade humana fortalece e estabiliza os direitos e garantias, reconhecendo-os como absolutos, irrenunciáveis e intransponíveis.

Portanto, percebe-se, a partir da teoria exposta, bem como pelas práticas pioneiras em desenvolvimento em diversos estados brasileiros, que o sistema penal tradicional não tem condições de tratar problemas e conflitos diversos, principalmente quando se direciona a tutela do

Direito Penal à proteção dos direitos humanos fundamentais, pois a resposta punitiva está distante dos princípios que fundamentam e alicerçam o Estado Democrático de Direito.[70] Com o paradigma restaurativo permite-se que a sociedade participe das práticas comunitárias de justiça, rompendo com o monopólio do Estado moderno de aplicação do Direito, o qual suplanta o poder de cidadania de cada um. A Justiça Restaurativa, no Estado Democrático de Direito, representa algo mais inteligível e mais humano do que o Direito Penal atual.

Referências

AUERBACH, Jerold S. Justiça sem direito? In: AZEVEDO, André Gomma de (Org.). *Estudos em arbitragem, mediação e negociação*. Brasília: Grupos de Pesquisa, 2004, v. 3.

BECK, Ulrich. *O que é globalização?* Trad. de André Carone. São Paulo: Paz e Terra, 1999.

BRANCHER, Leoberto Narciso. *Justiça restaurativa:* a cultura de paz na prática da justiça. Site do Juizado da Infância e Juventude do Tribunal de Justiça do Estado do Rio Grande do Sul. Disponível em: <http://jij.tj.rs.gov.br/jij_site/docs/JUST_RESTAUR/VIS%C3O+GERAL+JR_0.HTM>. Acesso em: 8 abr. 2007.

CAMPILONGO, Celso Fernandes. *O direito na sociedade complexa*. Apresentação e ensaio de Raffaele de Giorgi. São Paulo: Max Limonad, 2000.

CAPELLA, Juan Ramón. *Fruto proibido:* uma aproximação histórico-teórica ao Estudo do Direito e do Estado. Porto Alegre: Livraria do Advogado, 2002.

CASTELLS, Manuel. *O poder da identidade*. A era da informação: economia, sociedade e cultura. Trad. de Klauss Brandini Gerhardt. 3. ed. São Paulo: Paz e Terra, 1999, v. 2.

CAVALCANTI, Eduardo Medeiros. *Crime e sociedade complexa*. Campinas, SP: LZN, 2005.

CENTRO PARA LA JUSTICIA Y LA RECONCILIACIÓN. Confraternidad Carcelaria Internacional. *¿Que es la Justicia Restaurativa?* Mayo 2005. Disponível em: <http://www.pficjr.org/spanish/quees/>. Acesso em: 6 ago. 2008.

---

[70] SALIBA, Marcelo Gonçalves. *Justiça restaurativa e paradigma punitivo*. Curitiba: Juruá, 2009.

CERETTI, Adolfo; MANNOZZI, Grazia. *Sfide:* la giustizia riparativa. 2000. Site do Sesta Opera San Fedele. Disponível em: <http://www.sestaopera.it/ DOCUMENTI/ARTICOLI/Ceretti_Mannozzi.htm>. Acesso em: 30 ago. 2007.

FARIA, José Eduardo; KUNTZ, Rolf. *Estado, sociedade e direito.* Qual o futuro dos direitos? Estado, mercado e justiça na reestruturação capitalista. São Paulo: Max Limonada, 2002.

GARAPON, Antoine. *Bem julgar:* ensaio sobre o ritual do judiciário. Trad. de Pedro Filipe Henriques. Lisboa: Instituto Piaget, 1997.

ISOLDI, Ana Luiza Godoy; PENIDO, Egberto. Justiça Restaurativa: a construção de uma nova maneira de se fazer Justiça. *MPMG Jurídico.* Dez. 2005/ Jan. 2006, ano I, n. 3.

JAKOBS, Günther. *Ciência do direito e ciência do direito penal.* Trad. de Mauricio Antonio Ribeiro Lopes. São Paulo: Manole, 2003, v. 1. (Coleção Estudos do Direito Penal).

——. *La ciencia del derecho penal ante las exigencias del presente.* Trad. Teresa Manso Porto. Bogotá: Universidad Externado de Colômbia. Centro de Investigaciones de Derecho Penal Y Filosofia del Derecho, 2000.

KUJAWSKI, Gilberto de Mello. *Império e terror.* São Paulo: Ibasa, 2003.

LARRAURI, Elena. Tendências actuales de la justicia restauradora. *Revista Brasileira de Ciências Criminais.* São Paulo: Revista dos Tribunais, nov./dez. 2004, n. 54.

LONDOÑO, Maria Catalina Echeverri; URBANO, Deidi Yolima Maca. *Justicia restaurativa, contextos marginales y representaciones sociales*: algunas ideas sobre la implementación y la aplicación de este tipo de justicia. Disponível em: <http://www.justiciarestaurativa.org/news/Articulo%JUSTICIA%20 RESTAURA TIVA%20Colombia.pdf>. Acesso em: 29 jun. 2008.

MARTÍN, Nuria Belloso. (Org.). Mediación penal de menores. In: ——. *Estúdios sobre mediación*: la ley de mediación familiar de Castilla y León. Espanha: Junta de Castilla y León, 2006.

PRUDENTE, Neemias. Moretti; SABADELL, Ana Lucia. Mudança de paradigma: justiça restaurativa. *Revista Jurídica Cesumar Mestrado.* Maringá/PR, jan./jul. 2008, v. 8, n. 1. p. 49-62.

REALE, Miguel apud BONFIM, Edílson Mougenot. *Direito penal da sociedade.* São Paulo: Oliveira Mendes/Del Rey, 1997.

SALIBA, Marcelo Gonçalves. *Justiça restaurativa e paradigma punitivo.* Curitiba: Juruá, 2009.

SALIM, Alexandre Aranalde. *Direito penal do inimigo*: análise de um paradigma contemporâneo de política criminal. Dissertação de Mestrado. Porto Alegre: PUC(RS), 2007.

SÁNCHEZ, Jesús-Maria Silva. *A expansão do direito penal.* Trad. de Luiz Otávio de Oliveira Rocha. São Paulo: Revista dos Tribunais, 2002, v. 11. p. 35 (Série As Ciências Criminais nas Sociedades pós-Industriais).

SANTOS Boaventura de Sousa. *O discurso e o poder.* Ensaios sobre a sociologia da retórica jurídica. Porto Alegre: Sérgio Antônio Fabris, 1988.

SCURO NETO, Pedro. *A justiça como fator de transformação de conflitos*: princípios e implementação. Disponível em: <http://www.restorativejustice.org/rj3/Full-text/brazil/EJRenato%20_Nest_.pdf>. Acesso em: 20 mar. 2008.

———. Modelo de Justiça para o Século XXI. *Revista da EMARF*. Rio de Janeiro, v. 6, 2003. Disponível em: <http://jij.tj.rs.gov.br/jij_site/docs/JUST_RESTAUR/PEDRO+SCURO+JUSTI%C7A+XXI.PDF. Acesso em: 8 abr. 2007.

SICA, Leonardo. *Justiça restaurativa e mediação penal*. Rio de Janeiro: Lúmen Júris, 2007.

SILVA, Tadeu Antônio Dix. Liberdade de expressão e direito penal no estado democrático de direito. São Paulo: IBCRIM, 2000.

SÓCRATES, Adriana. *Práticas restaurativas como diferentes formas de lidar com o que comparece à justiça*. Disponível em http://www.justiciarestaurativa.org/news/adriana. Acesso em: 21 fev. 2006.

SPENGLER, Fabiana Marion. *O estado-jurisdição em crise e a instituição do consenso*: por uma outra cultura no tratamento de conflitos. Tese de Doutorado. São Leopoldo: Unisinos, 2007.

TICKELL, Shari; AKESTER, Kate. *Restorative Justice*. The way ahead. Londres: Justice, 2004.

VASCONCELOS, Carlos Eduardo. *Mediação de conflitos e práticas restaurativas*. São Paulo: Método, 2008.

WOLKMER, Antônio Carlos. *Pluralismo jurídico*. Fundamentos de uma nova cultura no direito. 3. ed. São Paulo: Alfa Omega, 2001.

ZAFFARONI, Eugenio Raul. *Em busca das penas perdidas*. Rio de Janeiro: Renavan, 2001.

Impressão:
Evangraf
Rua Waldomiro Schapke, 77 - P. Alegre, RS
Fone: (51) 3336.2466 - Fax: (51) 3336.0422
E-mail: evangraf.adm@terra.com.br